編集の教科書

なぜか先輩は教えてくれない
基本ノウハウを学ぶ

宇留間和基㊕
Kazumoto URUMA

LEADERS NOTE®

編集の教科書

第5章　編集者の世界観……211

はじめに

この本は編集者やライターになりたいと思っているあなたに向けて書いています。
あなたが何歳であるか、それは関係ありません。プロになりたい、そう思っている人なら何歳でもかまわないのです。

一つのことを10年やり続ければ、人間はプロとして通用するくらいの技量を身につけるものです。ですから若い人はもちろん、たとえあなたが50歳、60歳であっても遅くはありません。

一説によれば、最近の50歳は昔の35歳だというウソかマコトかわからないことをいう専門家もいるほどです。実感的には、たしかにそういう側面があると思います。私が大学を出て就職したころは、定年が55歳でした。いまは65歳です。政府は70歳まで働け、などと言い出しています。でも、自分自身や周りをみても体力的にはそのくらい言われてもおかしくはないかな、とは思います。

ともかく10年、やる気があるならやってみましょう。最近の若い人のように2、3年で仕事を次から次へと変えてしまうのは、見ていて実にもったいないことだと思います。そんなにコロコロと仕事を変えていては、器用かもしれませんが大成しないでしょう。

むかし、いい役者になるには転職をたくさんして、いろんな職業の世界を知っていたほうがいいという説がありました。しかし、それは役者という仕事の特性なのであって、いろんな役を覚えるために10年なら10年、様々な職業につくというのは「役者ひと筋」に歩んでいることなのです。ほかの多くの職業の場合も、その道に進もうと思ったら、何事も10年は必要です。2、3年で身につくものなど、たかが知れているのです。それを自分はいっぱしになったと思って、次のキャリアをめざすというのは米国流の考え方に毒されているとしか思えません。

いまはいわずとしれたAIの時代です。巷では、AIがあなたの仕事を奪ってしまう、といった脅しが毎日のようにやかましいほど言われています。

しかし、私は編集者やライターは人間にしかできないと思っています。たしかに、『日本経済新聞』がやっているように、企業の業績発表をAIが記事にしているようですが、それは決まりきった一定のパターン化されたデータだからできるわけです。しかし、世の中のさまざまな現象を情報として伝えるのは、決まりきった形式がある方が少ないものです。それは想定外だらけの要素の世界ですから、人間にしかできない作業なのです。

そしてなにより編集やライターの仕事は世界に一つしかないものをつくる仕事であり、これほどクリエイティブな仕事はほかにはなかなかない職業なのだと断言できます。

さて、編集の仕事はかつては出版社や新聞社、映像ならテレビが中心でした。しかし、いまやインターネットを無視してこの仕事を成立させるのはむずかしくなっています。私は新聞社（毎日、朝日新聞）、出版社（朝日新聞出版）を経て、いまネットメディア（ジェイ・キャスト）にいます。ネットメディアはいわゆる時事ニュースからグルメや健康情報まで、ありとあらゆる情報を流しています。

あなたは編集者ないしライターとしてどこで働きたいのか。それを決めるには、いま情報がどういうふうに流れているか、それに伴っておカネがどう流れているかをおおざっぱでいいのですが、知る必要があります。

とりあえず、ネットメディアが流している情報のなかで時事ニュースの例を見てみましょう。ネットには多くのニュースサイトがあります。新聞社やテレビ、あるいは独立系、数えきれないほどです。しかし、なかでも代表的な存在はＹａｈｏｏ！ニュースになるかと思います。

ヤフーニュースは正確には分かりませんが、おそらく一日あたり数千のニュース記事を流しているのではないでしょうか。そのニュース記事はどこで誰が書いているのか。実はヤフー自体で書いている記事はほとんどないということです。

ヤフーニュースを見てみれば分かりますが、その多くは新聞社やテレビ、雑誌、独立系のネットメディアのクレジットが入っています。

つまりヤフーニュースには記事を書くライターがあまりいないということです。いちばん目に付くのは新聞社、通信社の記事です。『朝日新聞』、『読売新聞』、『毎日新聞』、『産経新聞』、そしていくつかのスポーツ新聞です。ヤフーニュースはこれらの新聞社と契約して、記事を買っているのです。共同通信社もついにヤフーに記事を出し始めました。ヤフーニュースに記事を出していないところは日本経済新聞社くらいでしょうか。これが実態です。

ヤフーニュースは基本的には外部からニュース記事を買って、自社サイトに載せているわけです。似たようなことをスマートニュースやグノシー、LINEやライブドア、ｇｏｏなどといったニュースサイトでもやっています。こうしたサイトないし会社をコンテンツアグリゲータといいます（いちいち覚えなくてもいいです）が、もし記事を買うことができなければ、おそらくヤフーニュースはニュースサイトとして成立するのが、かなり難しくなるのではないかと思います。特に新聞やテレビが記事を売らなくなったら、速報ニュースは新聞社のサイトに負けるでしょう。

実はヤフーニュースができたころは、朝日や読売といった大手の新聞社は記事を売っていなかったのです。ところが、『産経新聞』や『デイリースポーツ』といったところが記事を売るようになりました。それはいずれも経営が苦しくなった結果なのです。背に腹は替えられない、ということなのでしょう。そして紙離れがますますひどくなって新聞社の経営がどこも苦しくなると、いずれもヤフーに記事を売るようになったのです。

これらの新聞社はいずれも自社でサイトを持っています。自社のサイトでニュースを流せばいいはずなのですが、ページビューも限られますし、ページビューに連動して懐に入ってくる広告収入も限られてしまうのです。

つまり経営が苦しいから、ヤフーに記事を売って儲ける。さらにヤフーから自社サイトに流入してくるユーザーによって自社サイトのページビューが増えるので、それに連動して広告収入も増える、というビジネスに走っているわけです。

さて、こうした構造のなかで、あなたはどこで仕事をするか、という問題です。編集者やライターはどこにいるのでしょうか。まずヤフーのようなサイトですが、ここは基本的にはライターではなく、編集と考えればいいかと思います。外部から買ってきた記事に見出しをつけて、これはといった記事はヤフートピックスという目立つ場所に配置します。

次に新聞社ですが、ここはいわゆる新聞記者です。新聞記者は現段階ではまだまだ紙の仕事が中心です。ネットを舞台に仕事をしたいと思っても、それに従事できる人はまだ全体的には少ないでしょう。

出版社では雑誌です。雑誌編集部には編集者もライターもいます。編集だけなら書籍部門もあります。本の編集者になりたければ書籍部門に行くしかないでしょう。でも紙の雑誌も書籍もどこも部数が減ってきて、風前の灯です。雑誌のなかにはネットでデジタル展開しているところも増えてうまくやっているところもあるようですので、雑誌の編集部で働くというのは一つの選択肢かもしれません。テレビでいえば、時事ニュースの場合は報道局になるでしょう。あとは独立系のネットメディアがあります。もう一つは編集プロダクション（編プロ）という手もあります。編プロはネットが生まれる前からあります。昔は紙一辺倒でしたが、いまではネットメディア向けの仕事もしています。

自分はライターになりたいのか。あるいは編集者になりたいのか。私が勧めるのはライターもできる編集者です。理由は、編集者といっても取材できない編集者は生き残ることができないと思うからです。

もうひとつ、これからはネット抜きに編集の仕事は成り立たないということが強くなるでしょうが、ネット独自の編集技術というものは、本質的にはありません。紙の世界もネットの世界も編集者の仕事は基本的には同じです。私は紙でもネットでも編集者を務めましたが、それが実感です。あるとすればネット特有のデータ分析ツールでしょうが、それは編集者ができなくても詳しい人間にやらせればいいことでもあります。

編集の仕事はいったい何が面白いのか。それは追い追いこの本の中で触れていきますが、冒頭に書いたようにひとことで言うと、クリエイティブ、ということなのです。

新聞記者もそうしたところがあります。世界にひとつしかない記事を自分は書いて社会に発信しているんだ、という思いはあるのですが、決定的に違うのは編集者の場合、特に編集長の立場に立つと、自分の部下と一緒に、一人ではできなかった大規模の仕事ができるようになるという醍醐味が出てくるのです。ここはもう決定的にひとりの新聞記者の力量とは違うわけです。

しかし、編集者という仕事は前近代的な職人の世界と同じで、これといった教科書がありません。新聞社や出版社に編集者になるための教科書があるなどということは聞いたことがありませんし、実際、そのようなものを読んだこともありません。何事も秘伝なのです。先輩から技術を盗むという世界だったわけです。

世の中には、たしかに編集者についての本や新聞記者についての本はたくさんあります。しかし、その多くをこれまで読んだつもりですが、ほとんどはいわゆる武勇伝、自分の手柄話なのです。大スクープをやりましたとか、雑誌の部数を二倍にしましたとか、このベストセラーはこうやって作りましたとか、そんな内容です。

それはそれで立派なのですが、ほとんどの新聞記者や編集者はそんな突出した事とは関係のない世界で仕事をしているわけです。もちろん編集者なら部数を増やし世間をあっと驚かせたい、という野望はあるでしょうが、そんな強運に恵まれる人は例外と考えた方がいいのです。それにそうした業績をあげたとしてもマジックのようなツールがあるわけではありません。

しかし、考え方や基本ノウハウを身につければ、誰でも一定の水準の編集者になることができます。人間にしかできない、ＡＩに負けない編集。その必要最低限のことをこの本では書いてみようと思います。

第1章

編集の核心「タイトル」

第1回 タイトルこそ編集の心臓

紙媒体であろうとインターネットであろうと、編集にとって一番大事なものは何か、と聞かれたら、即座に「タイトル」であり、「見出し」である、と答えます。

なぜなら、読み手の立場にたった場合、ネットのコンテンツであろうと書籍であろうと雑誌であろうと、最初に目に入るのは「タイトル」だからです。

画像も同じような役目を果たしますが、画像はただちには意味が分からないはずです。タイトルを見て人間は意味が分かるのです。

タイトルが面白い。そうすれば、誰でも立ち止まり興味を示します。そうでなければ、次の瞬間に意識は他のところに移ってしまいます。読み手の首根っこを押さえるのがタイトルなのです。

◆365日24時間タイトルを考える

私が週刊誌（AERA）の編集長をしていたとき、曜日によって締め切り時間が異なるのですが（雑誌はだいたい中央のページの方からつくっていきます）、一番遅い日は電車の中吊りや新聞広告を作る日でした。

この日は書き手から原稿もたくさん出てくる日で、締め切りをきちんと守る編集部員は少なく、たいてい作業が終わるのは夜中になったものです。

それから家に帰ってシャワーを浴びると午前3時くらいになるわけですが、なかなか寝つけません。そういうときは焼酎のオンザロックを飲みながら、タイトルを考えたものです。アイデアが出てくるときは次々といいタイトルが出てきますが、出ないときはまったく出てこない。酒もだんだんまずくなってしまいます。

雑誌の編集長になると、365日24時間、タイトルばかり考えています。これはネットでも紙でもおなじです。

タイトル、タイトル、タイトル、風呂に入っていても、トイレにいても、食事をしていても、外を歩いていても、そればかり考えます。どうしたら面白いタイトルになるか、それが編集長、編集者の定めだからです。

中吊りや新聞広告は、その週の品揃えをアピールするものです。だいたい15本程度の見出しが並びます。その見出しによって読者は面白ければ買ってくれますし、面白くなければ買ってくれないわけです。結果はすぐに出ます。毎週毎週、その繰り返しです。結果が出るのは紙よりもネットのほうがはるかに早いものです。リアルタイムで結果が出ます。紙であろうとネットであろうと、編集長というものは胃が痛くなるのが普通だと思います。

前述のように見出し一つで読まれたり、読者から無視されたりするわけです。書籍はまず有名作家の名前がタイトルのようなものですが、著者が無名の場合は、タイトルを見て取捨選択するでしょうから雑誌と似た部分もあります。

タイトルの重要性は、同じ記事でもタイトルが違えば、まったく違ったものに見えてしまうということなのです。たとえば、次のようなことです。

いま目の前に円柱形の茶筒があるとします。この茶筒を真上から見れば円形、丸くみえます。次に真横から見ます。今度は長方形に見えます。さらにすこしずらしていけば、長方形の両端が丸くなり、楕円に似たかたちに見えるでしょう。

こんな具合に同じものでもいろいろな形にみえるわけです。この見せ方がメディアの世界に置き換えて言えば、タイトルということになります。

◆ネットではタイトルが自由に変えられるのに

紙の世界からネットの世界に移ったときに、ネットの世界はなんて便利なのだろうかと感心したことがありました。それはタイトルをいつでも自由に変えられる、ということでした。紙の世界では印刷してしまったら、よほどのことがない限り、変更はできません。印刷した後で、あそこをこうすればよかった、ここはこの表現がはるかに良かった、なんてことはしょっちゅうでした。それがネットでは自由自在にしかも瞬時に変えられるのですから、これほど便利なことはありません。

さすがネットは素晴らしい、と思ったものの、2016年秋にDeNA運営のWELQ（ウェルク）という健康情報サイトがあり、ここが他のサイトから勝手にコンテンツを盗用して、しかも根拠のない医療情報などを流していたということで大問題になりました。

そのころから、業界の一部で自主的にコンテンツの正確性をアピールするために自主規制を行う、という動きが出てきました。見出しを一度つけたら変えないというある意味、自分で自分の首を絞めるようなことが始まったのです。

間違った内容を勝手に変えてしまうのなら問題ですが、記事の内容はなにも変わっていない、もっと読み手にアピールしたいだけのためにタイトルを変えるということは何ら問題がないはずだと思うのですが、ニュースメディア業界ではひとつの流れとなっていきました。これは広い目でみれば、ユーザーにとってもマイナスな動きといっていいでしょう。

できるだけたくさんの人に読んでもらったら参考になるであろうコンテンツ。そうであるならば、タイトルをもっとうまくつけて一層広くアピールをすることはおかしなことではありませんし、有用な記事であれば多くのユーザーに役だつわけですからいいことずくめのはずです。

ともかく雑誌であれば、タイトルは雑誌の生命《いのち》です。ネットメディアにとっても同じことです。タイトルのつけかたでまったく売れなかったり、バカ売れしたり、無視されたり、拡散されたりするのですからこれほど恐ろしいことはありません。ですからタイトルは最終的には編集長の仕事です。編集長の責任なのです。

かつて同じテーマを『週刊朝日』と『アエラ』でやったことがありました。しかし、タイトルが全く違い、片方は爆発的に売れ、片方は全く売れませんでした。売り上げは天と地ほど違ったことがありました。

どの編集部でも、「天」をめざしています。ですから編集長は24時間、365日、タイトルを考え続けているものなのです。

第2回
いいタイトルに必要なもの

『アエラ』という雑誌があります。この名前を考えたのは、若くしてお亡くなりになりましたが、眞木準さんというコピーライターでした。

コピーライターの仕事と雑誌のタイトルを考える仕事はまったく同じというわけではありませんが、かなり共通した部分があります。これで売ろうという点ではまったく同じです。

◆眞木さんのいいコピーの条件は「明・短・強」

眞木さんによりますと、いいネーミングの鉄則は「明・短・強」。つまり「明るい・短い・強い」ということだそうです。

眞木さんはアエラというネーミングを考え出すのに3カ月はかかったといっていました。たった三文字の言葉を作り出すのに3カ月です。もっとも候補作としては、アエラ以外に100以上もあったということなので、ひとつだけ考えていたわけではないのですが、最終的に選ばれるのはひとつだけです。

この間、何をしていたかというと、あらゆる世界の辞書に目を通したそうです。英語はもとより、フランス語、ドイツ語、スワヒリ語…現代の世界では公用語としては使われていないラテン語まで（ちなみにアエラはラテン語です）。こうして実際に辞書にある言葉と眞木さん独自の造語を積み重ねてどんどん候補を作っていったそうです。

これは雑誌のタイトルを考えることと似ています。最終的に使うのは一つです。しかし、そこに至るまでの時間は膨大なものになります。

眞木さんの作品に「でっかいどお。北海道」というコピーがあります。これが浮かんだのはものの3秒だったそうですが、それまでに3週間を費やしたそうです。長い熟成期間があってお酒ができるのに似ていると、眞木さんは言っています。

雑誌のタイトルは数週間かかって考えるものもあれば、ほぼ瞬間的につけなければならないものまで千差万別です。企画が採用されてから実際に誌面に載るまでの長さに応じて違うと考えればいいと思います。

◆男女の恋愛と同じ

さて、いいタイトルとは何でしょうか。前に書いたように眞木さんは「明・短・強」をあげました。実は似たようなことは多くの人が言っています。

私自身は、①分かりやすい②インパクトがある③気を引く、の3点。要は記事を読んでもらうための誘因ですから、一番大切なのは、③気を引く、ということです。

これは男女の仲と同じで、初めて会ったその時から恋に落ちてしまったというのと同じなのです。そのタイトルを見たら、気になって仕方がない。読まざるをえない衝動にかられてしまった。ですから、ナンパに長けた人はタイトルが上手です。ナンパは苦手という人は大いに努力をしてください。タイトルを作るのも人間、それを読むのも人間です。いいタイトルは努力なくしては生まれないのです。

第3回
タイトルをつける基本

そこで具体的にタイトルをどうつけるかに話を進めましょう。

まずタイトルでたいせつなものは、キーワードです。何について書かれている記事なのか。読者がただちに分かるためには、キーワードがなくてはなりません。

プロ野球の巨人について書かれた記事なのに、阪神の話が出てくるからといってタイトルから巨人を落とし、阪神だけにしてしまったら、「なんだ、読んでみたら違うじゃないか」ということになります。タイトルの阪神を見て買ってしまった阪神ファンだけでなく、巨人ファンも怒るでしょう。

この記事は何についての記事なのか。安倍首相についてなら安倍首相、ゲームについてならゲーム、グルメならグルメをタイトルに入れないと読者は分かりません。

キーワードをひとつに絞れといっても、いろいろ考えると、実際には必ずしもひとつに決められないケースもあります。そうした場合は、タイトルの原則に戻ることです。さきほどの「インパクトがある」という原則なら、一番インパクトのある言葉を選ぶ、という具合です。

◆キーワードを最初にもってこよう

たとえば、アイドルグループ「SMAP」が解散します、というニュースがありました。しかし、この問題はなかなか単純ではありませんでした。ご存じのように、5人が一気に「はい、さようなら」とばらばらになるわけではないわけです。まず、香取慎吾ら3人が独立するとの情報があります。一方で、キムタクこと木村拓哉はジャニーズ事務所に残り、中居正広は立ち位置がよく分からない。

こういう流動的で情報が錯そうしている状況のなかでは、なにをどう書いていくのかがまず編集者に問われますが、その点は後で説明するとして、まずSMAPが解散してしまいそうだ。少なくとも消滅してしまいそうだというのは事実です。その原稿を書いたとします。

そこでキーワードの選び方です。「SMAP」「解散」「3人独立」「キムタク残留」「中居の動向」…考え出すと、いろいろキーワードが並んでしまいます。それぞれ別個に記事が書けるくらい重要です。いろいろ考えるとどれもタイトルに入れたくなるものです。

こうなると、

「3人が独立でSMAPは消滅なのか？ キムタクは残留、中居は？・」

などと、キーワード盛り沢山のタイトルになります。

もちろん、これは内容自体がインパクトのあるニュースですので、これでもいいのですが、もうすこし整理が必要でしょう。

整理するときに大切なのは一番のキーワードを頭にもってくるということです。

では一番重要なキーワードとは何か。それは、やはりメンバー個別の話よりもグループ全体がどうなるか、という点が多くの人の関心でしょうから「SMAP」「解散」となります。

となるとタイトルは

「SMAPが解散か　3人が独立でキムタクは残留、中居は?」

こんなふうに、まずはざっとタイトルを書いてみましょう。

次にタイトル作りの王道として、テニヲハといった助詞はできるだけ省くことです。タイトルが冗長になり、インパクトが弱くなります。

「SMAP解散!?　3人独立、キムタク残留、中居は?」

これですっきりしました。つまり、ともかくタイトルを書いてみる。一度書いてみたタイトルをもう一度読み返して直し、最後の贅肉をそぎ落とすのです。

ところで、タイトルにはいくつかの作り方のパターンがあります。柔道などのスポーツと同じで、技をたくさん身につけていた方が、いろいろな攻めができるわけですから、できるだけ多くの型を覚えておいたほうがいいかと思います。以下、よくみられるパターン別に練習してみましょう。

第4回
タイトルをつけよう！ ノウハウあれこれ

さて、ここからは実際にタイトルをつけてみましょう。タイトルのつけ方は人それぞれ、好き好きですが、とりあえず10パターンくらいのタイトルをつけてみましょう。ひとつずつ説明しますが、おもなところには練習問題があります。ともかく楽しんでつけてみてください。

ちなみに練習問題になっている話の内容は『聖書』からとってきています。突然なぜ『聖書』か、と唐突感があるでしょう。しかし、編集者になろうとする人はまず、人間を知るべきだというのが私の考えです。そして人間を知るには、『聖書』が手っ取り早いのです。私は別にクリスチャンでもなんでもありません。ともかく、『聖書』は面白い本なのです。

◆人間に詳しい編集者になる

さて、『聖書』と言っても旧約と新約があります。私が勧めるのは『旧約聖書』です。『新約聖書』はイエスキリストの教えが中心ですが、『旧約聖書』は天地創造からモーセ、ダビデ、ソロモンといった映画にもなった人たちが登場する、いわば大河ドラマのようなものです。
イエスキリストの説く神は「愛の神」「許しの神」ですが、『旧約聖書』の神は怒りや嫉妬に満ち満ちた神様です。神様そのものが極めて人間的なのです。そして『旧約聖書』には、戦争から殺人、不倫などありとあらゆる人間の業ともいうべきことが次から次へと書かれているのです。これほど面白い本はなかなかありません。

内容が面白いというだけでなく、編集者というのは人間に詳しくなければダメですから、人間とはどんな存在なのかを理解するのに、最適のテキストだと思うからです。

現在の科学技術が発達した21世紀にあっても人間は本質的になにも変わっていないことが『旧約聖書』を読めばわかります。変な話ですが、オナニーという言葉がありますが、これは『聖書』に登場するオナンという人の行為が由来です。この話をすると、えっ、そんなことまで出てくるの!? と驚く人が多いのですが、さきほど述べたように兄弟殺しや人妻の強奪、人間のすさまじいばかりの悪業が次々に書かれているのが『聖書』なのです。

ともかく、『聖書』のお話を題材にしてタイトルをつける練習をしてみましょう。『聖書』といっても「天地創造」や「出エジプト記」といった映画にもなっているような有名な物語よりも、ダビデ王の話を中心にとりあげます。ダビデはユダヤの王、イスラエルの王としておそらく最も有名な王様ですが、その生涯は波乱万丈ですので、物語を楽しみながらタイトルをつけていくようにしたいと思います。

第5回
タイトル練習1「直球型①」

では、早速、タイトルをつけてみましょう。最初のタイトルのつけ方は、「直球型」です。AはBである。こういう単純なタイトルです。単純ですが、これはもっともよく見られるタイトルのつけ方です。

記事のテーマそのものをタイトルにしてしまうやり方です。テーマを読者にストレートに投げ込む。大リーグの大谷翔平投手が160キロの直球を捕手のミットめがけてバシっと投げ込む。そんなイメージをもってタイトルをつけるという感じです。

たとえば、安倍首相の「お友だち」人脈を徹底的に調べた記事があるとします。その記事に、「安倍首相お友だち全巻」といったタイトルをつけます。このパターンです。

似たような例をあげれば、麻生副総理の失言を過去のものまで含めて全部集めた記事があるとします。「麻生副総理、失言のすべて」。これは記事のテーマそのものをタイトルにしたものです。単純明快、分かりやすく、なおかつインパクトがあればこれ以上のものはありません。

◆「大谷の21球」というタイトル

プロ野球を描いた名著に『江夏の21球』という本があります。山際淳司というノンフィクション作家の作品です。1979年の日本シリーズ。広島対近鉄の最終戦、つまり優勝が決まる第7戦。しかも最後の最後、9回裏の攻防で当時の広島にいた江夏豊投手が最後に投じた21球に焦点を当てて描いた本です。

このタイトルもずばり「江夏の21球」。芸もなにもないといえばそうなのですが、これ以外のタイトルもまた難しいように思います。

たとえば、大リーグで活躍する大谷翔平選手が似たような活躍をしたら、「大谷の21球」などというタイトルが将来つけられるかもしれません。

この「直球型」というのは、基本中の基本ですから、初心者はこのパターンに慣れてください。

ただし、注意すべきなのは、その記事のテーマにパワーというか、ポテンシャルがないと誰も見向きもしてくれないタイトルになりがちだという点です。記事にインパクトがない場合、タイトルに工夫が必要になります。そういう場合には、後で出てくるちょっとひねった変化球タイトルのつけ方のほうが合っているでしょう。

しかし、まずはなんでもかんでもこのパターンでタイトルをつけてみる練習をした方がいいでしょう。ともかく野球と同じで「直球型」を最初に身につけることをお勧めします。

では、以下の記事に「直球型」のタイトルをつけてみてください。

記事の内容は少年ダビデと巨人兵士ゴリアテとの闘いです。それなりに有名な話ですのでご存じかもしれません。

なお以下の『聖書』の内容については参考図書として、日本聖書協会発行の１９５５年改訳版を使っています。ただし、表記通りではなく内容はかいつまんで記しています。

◆例題1

イスラエルの国はペリシテびとと戦争の真っ最中でした。イスラエルの王はサウルといいました。ある日、戦場でペリシテびとの陣営から、ゴリアテという名の巨大な兵士が現れました。青銅のかぶととよろいを身にまとい、足にも青銅のすね当て、肩には青銅の投げ槍を背負っていました。ゴリアテは、兵士を一人出して決闘させろ、自分が勝ったらイスラエルはこちらの家来となれ、逆の場合はペリシテびとが家来となる、と叫びます。サウル王はじめイスラエルの兵士たちは、この挑発に震え上がりました。

少年ダビデは8人兄弟の末っ子で、兄たちが戦場にいたため、父親から兄たちにパンを差し入れするように言われます。兄たちが無事であるかどうか、見て来いと。ダビデが兄たちのところに着くと、ちょうどゴリアテが登場してきて、いつもと同じように挑発するのです。ダビデはサウル王に言いました。

「しもべが行って、あのペリシテびとと戦いましょう」

サウル王も兄たちもダビデを止めようとします。ところが、ダビデはこう言い返すのです。

「しもべが羊を飼っていたとき、シシとクマがきて子羊を取りました。でも、これを追いかけて殺し、その口から子羊を助けました。あのペリシテびともこれらの獣と同じようになるでしょう」

そこでサウル王はダビデによろいをつけさせようとしますが、ダビデはそれに慣れておらず、よろいをつけずに、杖と石5つと石投げをもってゴリアテの前に出ます。ゴリアテはダビデをすっかりばかにして、「杖をもっているが、俺はイヌなのか」などとあざける始末です。そして「向かってこい。お前を鳥や獣のえじきにしてやろう」と言って、ダビデに向かってきます。ダビデは石投げで石をゴリアテの額に当て、相手が倒れたところでゴリアテの上に乗って、相手の剣を抜いて首をはねてしまったのです。

日本の昔話、『桃太郎』の鬼退治や『金太郎』に似たような話です。さて、どんなタイトルになるでしょうか。記事のテーマはダビデがゴリアテをやっつけた話です。ですから、余計なことを考えずに単純につけてみましょう。

「ダビデがゴリアテ倒す」

間違いではありませんが、さすがにこれでは単純すぎますね。そっけないでしょう。この話の面白い点は、小さな少年ダビデが巨大な兵士ゴリアテの首をはねてしまったという点です。ですから、

「少年ダビデが巨人兵ゴリアテ倒す」

くらいがいいのではないでしょうか。

難しくはないと思います。それでは、次の話はどうでしょうか。

◆例題2

ゴリアテの首を取ったダビデは、その首を下げてイスラエルの陣営に戻ります。兵士たちは大喝采で勢いを得て、ペリシテびとの軍隊を次から次へと打ち負かしました。

サウル王はダビデを召し抱えます。ところが、ダビデの偉業は兵士たちだけでなく、イスラエルの人々に広く知れ渡り、ダビデは一躍英雄になりました。人々はこう言って、ダビデを

称賛したのでした。

「サウルは千を撃ち殺し、
ダビデは万を撃ち殺した」

これを聞いたサウル王は、少年ダビデに嫉妬したのです。つまり王の位を取られるのではないかとダビデを恐れるようになったのです。自分の地位が危うい と恐怖を抱いたのです。

サウル王は以前から悪霊に悩まされていました。琴の演奏がうまかったダビデは、サウル王が悪霊にやられているときに琴をひいて鎮めてやりました。ある日、サウル王がまたもや悪霊にとりつかれてわめいていた時、ダビデはいつものように琴をひいたのでした。ところが、サウル王は手にヤリをもち、「ダビデを壁に刺し通そう」としてヤリを振り上げました。ダビデは身をかわして逃げました。

その後、サウル王はダビデを兵士千人の長とします。自分の手でダビデを殺さず、戦場に送り込んでペリシテびとに殺してもらおうとしたのです。ところが、ここでもダビデは次々に手柄をたて、世間では人気が高まるばかりでした。


王様が少年に嫉妬するという情けない話です。しかも、自らの手で殺そうというのですからたまったものではありません。さて、この話のテーマはサウル王による少年ダビデの殺害未遂ですね。タイトルをつけてみてください。

「サウル王が少年ダビデを殺害未遂」
ちょっと色をつけようとするなら
「サウル王がヤリで少年ダビデを殺害未遂」
などとすると、いいかもしれません。

第6回 タイトル練習2「直球型②」

必ずしも直球型に限らないことですが、前に書いたようにタイトルを考える際には、キーワードは何かという点をしっかりと理解してつけることが大事です。この例でいうと、大事な言葉は何でしょうか。「少年」「ダビデ」「巨人兵」「ゴリアテ」「石」「倒す」「首を取る」あたりになります。

どれを採用して、どれを捨てるか。この辺りはよく考えないといけません。実際にタイトルを作ったときに、このキーワードが抜けたら、意味が分からなくなってしまうという場合は、その言葉が絶対に必要ということになります。それがキーワードです。

たとえば、

「少年ダビデが巨人兵ゴリアテを石で倒して首はねた」

というタイトルがあったとします。まず「少年」を省いてみましょう。

「ダビデが巨人兵ゴリアテを石で倒して首はねた」

意味は通じます。

次に「ダビデ」を省くと、

「少年が巨人兵ゴリアテを石で倒して首はねた」

これも意味が通じます。

「少年ダビデ」省いてみます。

「巨人兵ゴリアテを石で倒して首はねた」

分かるようでよく分かりませんね。主語がなくなってしまったからです。こうやって次々と言葉を省いていくと、なにがキーワードなのかが分かってきます。この例では「少年」ないし「ダビデ」。「巨人兵」ないし「ゴリアテ」。「倒す」ないし「首を取る」がないと意味が通じなくなりますので、それらが必須のキーワードになります。

キーワードが何か分からない場合、とりあえずタイトルを作ってみて、言葉をひとつずつそぎ落としてみます。そうすると最後の最後までそぎ落とすことのできない言葉が残ります。それがキーワードと考えればいいでしょう。

では、次の例題で考えてみましょう。

◆例題3

サウル王は自分の娘ミカルをダビデの嫁とします。ある夜、サウル王はまたもやダビデを殺そうと、ダビデの家に部下を派遣して監視します。それを知ったミカルはダビデを逃がします。そしてダビデの寝床に像を横たえ、着物を着せ、頭にヤギの毛の網をかぶせました。サウル王の部下たちはダビデを捜しますが、寝床で見つけたのは像でした。サウル王は娘ミカルを問い詰めます。するとミカルは「ダビデは逃がしてもらわなければ、お前を殺す、と言いました」と言い訳をしました。

サウル王の息子にヨナタンという人がいました。ヨナタンはダビデを尊敬していて、父サウル王がダビデを殺そうとするのをいさめます。サウル王は、ある食事会にダビデが来ないのに腹をたてました。ヨナタンはダビデが故郷の祭りに出るため来なかったと説明します。サウル王はヨナタンにも腹を立て、ヤリを振り上げてヨナタンを刺そうとする始末です。ヨナタンは席を立って、あらかじめ約束した場所でダビデに会い、逃げるよう言います。ダビデは祭司アヒメレクのところでパンをもらい、別の国に逃げます。しかし、そこでもあのゴリアテ殺しの有名なダビデだと言われたため、気が変になったふりをします。やたら門のとびらを打ちたたいたり、よだれを流し、ひげに伝わらせたりして、逃げたのです。

さて、如何でしょうか。サウル王はなにがなんでもダビデを殺そうとします。ついにダビデは逃亡生活に入らざるをえなくなったわけです。キーワードは従って、「ダビデ」「逃亡」となるでしょう。

「ダビデがサウルに追われ逃亡生活」

「ダビデ、殺害から逃れ国外へ」

ところで記事の最後に、ダビデは狂人のふりをしています。それほど逃亡にはリスクが伴っているという点も読んでいて興味深いところです。この「狂人のふり」というのをタイトルに入れるとどうなるでしょうか。

「ダビデ、狂人のふりして国外逃亡生活」

面白いタイトルになったと思いますが、この「狂人のふり」というのは次章で説明するディテール型になります。

第7回
タイトル練習3「ディテール型」

さて、ここでは直球型と基本は同じですが、少し違った角度からつくってみます。これまでは記事の全体的なテーマをそのままタイトルにしました。今度は、そうではなくて、記事中にあるディテールの部分をタイトルに持ってくるというやり方です。

これもタイトルのつけ方としては最も多いやり方ですが、ディテールに焦点を当てるという点において、さまざまなタイトルのつけ方が可能になります。

どのディテールに目をつけるかによって天と地ほども違ってきます。同じ記事でもタイトルは千差万別になってしまいます。

◆ディテールとは何か

その前に、ディテールということについて、少し説明しておきます。ディテールとは「細かいこと」と訳されるように、小さな事実です。しかし、ここでいうところのディテールとは、単に細かいこと、単に詳しいことではありません。

たとえば、殺人犯の自宅周辺を取材した次のような記事があるとします。

自宅玄関前には道路から階段があった。その階段は11段あり、コンクリートでなく敷石になっていて一段あたり、高さ24センチだった。

この記述は大変詳しいといえますが、これだけでは単にデータが細かいだけで、だからどういう意味があるのか分かりません。その石段が犯人や犯行とどういう関係があるのか、さっぱり分からないからです。

こんなふうに単に描写が細かいだけで、特段の意味がないものは、ここではディテールとは言いません。意味のないディテールは、ディテールではなく、どうでもいい些事にしかすぎません。

意味があるか、ないかは編集者のセンスにかかってきます。センスがいい人、そうでない人というのは確かにいますが、センスはある程度は磨くことができます。それは追い追い語ることにしましょう。ともかくディテールはなんらかの意味がないとディテールとはいえないということです。

◆環境学者がタバコの吸い殻をポイ捨てしたら

たとえばディテールとはこういうことです。私の知り合いのライターから聞いた話です。ある高名な環境学者がいました。その人と一緒にいたときに、まず驚いたのがタバコを吸いだしたことだといいます。まあ、それは人の嗜好として仕方ないといえば、ないかもしれません。環境を専門とする人にしてはこれはどうなのだろうと思ったのが、次に起きたことでした。それは吸い殻をポイ捨てしたことです。

こんな場面に出くわすと、この人は一体何だろう、言ってることとやってることが違うんじゃないのか、誰でもそう思ってしまいます。ダブルスタンダード。二重基準。こうなってしまいます。

そのライターは先生を尊敬していたらしく、その光景を見て幻滅したと言ってましたが、それはそうでしょう。タバコのポイ捨ては環境問題の大きなテーマとは違うかもしれませんが、偉そうなことを言っている人が誰が見ても矛盾したことをしているとなると問題です。ディテールとはこういうことです。化けの皮をはがすくらいの重大な意味を持つ細かいこと、それがディテールです。

タイトルをつけるとしたらどうなりますか。

「有名なエコ学者が街角でタバコぽい捨て」

まあ、これだけでもちょっと読んでみたくなります。どういうツラをした輩なのか、ご尊顔を拝したくもなります。

それでは練習問題です。

◆例題4

ダビデにパンを与えた祭司アヒメレクのところには、実はサウル王の部下がひとり潜んでいました。名前をドエグといい、彼はサウルにアヒメレクがダビデを助けたと告げ口をします。サウル王は怒ってアヒメレクとその一族を呼び出し、家来に殺すよう命じます。しかし、家来は誰も命令に従わなかったために、サウルはドエグに「お前が殺せ」と命じ、ドエグは一族など85人を殺しました。またドエグは祭司がいた町を襲い、住民だけでなく牛や羊までも殺害したのです。アヒメレクの一族でアビヤタルという人が一人逃れて、この惨劇をダビデに伝えました。

このころ、ダビデには６００人の家来ができ、かれは荒野に身を潜めていました。しかし、ダビデが隠れていることがサウル王の耳に入り、サウル王は自らダビデを討とうと出陣します。とある洞穴にダビデたちが潜んでいたところ、その洞穴にサウル王がやってきました。サウル王は用をたすために（眠るためとの説もある）来たのですが、そのときダビデはひそかにサウル王の上着のすそを切りました。ダビデの従者たちはサウル王を討つチャンスだと色めきたったのでしたが、ダビデはそれを止めます。そしてサウル王が洞穴から出ると、ダビデはサウル王に向かってこのようにいいます。

自分の家来たちはあなたを殺すよう勧めたが、私はそうしなかった。あなたは神が王として選んだからです。あなたの上着のすそはここにあります。私はあなたに罪を犯したことはないのです。あなたに手をくだすことはしません。

これを聞いたサウル王は「あなたは正しい」と言って、声をあげて泣きました。そして自分の子孫を絶つことをせず、自分の名前を滅ぼさないでほしいと懇願します。ダビデはそれを誓うとサウル王は兵を引き揚げました。しかし、こんなことを言ってもサウル王がダビデを殺そうという思いは、変わることはなかったのです。

ダビデはサウル王を殺しませんでした。ダビデの部下たちにとっては、これほどのチャンスはないと思ったでしょう。

さて、タイトルです。この記事のテーマは、ダビデがサウル王を殺せるチャンスがありながら見逃してやった、ということです。テーマそのもののタイトルをつけるのであれば、

「ダビデ、サウル王を見逃す」

「ダビデ、サウル王の命を奪わず」

「ダビデ、サウル王殺害チャンスを捨てる」

などと、なるでしょう。

しかし、ここでは話のディテールを使ったタイトルを考えてみましょう。どのディテールが面白いか。そこをまず決めることです。

注目すべきディテールは、いくつかあります。

▽ダビデに協力した祭司の一族85人が殺害されたこと
▽ダビデはサウルの用足し中に上着のすそだけを切ったこと
▽命拾いをしたサウルが大泣きしたこと

とりあえず、この3点についてタイトルを付けてみましょう。

「ダビデをかばった祭司、一族85人がすべて殺害される」

「ダビデ、洞穴で用足しのサウルのすそを切る」

「ダビデ、サウルの命取らず、助かった王は大泣き」

それぞれにタイトルはつけられます。直球型よりはどれも具体的になりました。読んでいる方は具体的なイメージが頭のなかに浮かんで非常に分かりやすくなります。そうなのです。ディテール型のいいところは、イメージに富んだタイトルが可能になるということです。

この点は直球型と違うところなのです。直球型は記事のテーマそのものですから、どうしてもタイトル自体がパターン化される嫌いがあります。「安倍首相の金脈」「麻生副総理の全失言」「ゴーン元会長の言い分」「安室奈美恵、引退あいさつ全文」…こうやって並べてみると、直球型というのはなんとなくマンネリに陥ってしまいそうな感じがします。

実際にそういう恐れが十分あるのです。たとえば、雑誌の中吊りに15本のタイトルがあったとします。全部が直球型では飽きると思います。ネットメディアのサイトに並んだ最新記事10本が直球型タイトルでも同じ印象になるでしょう。

ですからディテール型のタイトルというのは、直球型のマンネリ打破にちょうどいいのです。もっともきちんとしたディテールが記事の中に無いとそもそもつけることができないのですが。

よくある例ですが、たとえば「安倍総理とモリカケ事件の真相」「安室奈美恵、引退の真実」「ゴーン事件、裏で操る人物の正体」などと直球型で思わせぶりなタイトルがあります。しかし、そういった記事を読んでみると、実は具体的に真実がわかったり、正体がわかったりすることがないケースもよくあるのです。

こうしたときは、記事にディテールがないパターンなのです。「〜の真実」「〜の真相」「〜の正体」などというタイトルが大きくなっている場合は、往々にしてそういうものです。逆に、なにかディテール型のタイトルが大きくなっていて、脇に小さく「〜の真実」などとついているときは、きちんと具体的なことが取材できている記事だと推測されます。

ですからディテール型のタイトルが大きくなっているときは、これは面白い記事だと思って間違いないでしょう。ディテール型のタイトルがつけられるかどうか、この点はその記事の読者をどれだけ集められるかどうかにつながることなので非常に大切なこととなります。

第8回
タイトル練習4「隠すタイトル」

さて、ディテール型のタイトルの利点を書きましたが、一方でディテール型なら必ずこの記事を読もうとするかどうか、という点で疑問を感じることが実はあるのです。さきほどと逆のことを言っているようですが、ディテール型の難しいところは、そこなのです。

さきほどは「〜の正体」「〜の真相」は内容がない場合のごまかしが多いと言いましたが、正体や真相が具体的にわかっている場合で、その正体や真相をタイトルにうたわず、意図的にぼかすために「〜の真相」「〜の正体」などとつける場合もある、ということなのです。

どういうことか。具体的に見ていきましょう。

次にふたつのタイトルがあります。あなたは、どちらの記事を読みたくなりますか。

「大谷投手、イチローを三振にとった球は165キロ」

「大谷投手、イチローを三振にとったとんでもない球」

どちらも面白そうですが、どちらかというと後者の方が読まれると思います。タイトルとはそもそも、読者に記事を読ませるためのエサの役割を果たすものです。記事の切り口であると同時に誘い水なのです。このことは何回も繰り返し口にして覚えてください。

前者のタイトルではすべてを言ってしまっていて、タイトルで満足してしまう人が出てくる可能性があります。

後者はすべてを言わずに、「とんでもない球」と表現して肝心なところをぼかしています。タイトルはあくまでも誘いなのです。記事を読んでくれるかどうか、そのための誘い水なのですから。タイトルが答えを言ってしまっては、たとえば忙しい人ならその先を読もうとしないでしょう。どんなに忙しくても首根っこを捕まえて読ませてしまう。これがいいタイトルなのです。

それで、さきほどのディテール型のタイトルですが、ディテールには非常に意味があって面白いのですが、時として肝心なことまで言ってしまう場合があるのです。ここがディテール型の落とし穴ですので、気をつけないといけません。

よくあるパターンは、

「就活、絶対内定がとれる4つの条件」
「異業種交流で人脈を築く秘訣」
「人には教えたくない有馬記念を当てる馬券の極意」
「女優Aと青年起業家の結婚に親族が懸念する重大事」
「某有名大学にタレントが次々合格できるカラクリ」

などです。

「〜の条件」「〜のウラ」「〜のカラクリ」「〜の理由」「〜のワケ」「〜の危うさ」「〜の秘訣」「〜の極意」「〜の重大事」「〜の不安」「〜の懸念」……。

実際にディテールがないかもしれませんが、あった場合に全部タイトルで見せてしまうよりは、ぼかして記事を読んでもらおうと狙う場合のつけ方です。

では、次の例でタイトルをつけてみましょう。すべてを言わないように気をつけながら。

◆例題5

ダビデに救われたサウル王は、その後、ペリシテ人との戦で息子のヨナタンとともども戦死します。ダビデはサウル家を滅ぼし、ついにイスラエルの王となります。各地で戦争をつづけ、領地を拡大し、古代イスラエルの最大の英雄になります。以下は、その英雄ダビデのスキャンダルです。

ある日、ダビデが王の家から周囲を眺めていると、一人の女が水浴をしていました。ダビデはその女が美しかったために使いをやって、女をつれてこさせました。そしてなんと女と寝てしまうのです。

女はバテシバという名で、軍人ウリヤの妻でした。ダビデは軍の長に命じて、ウリヤを最前線に出させて、討ち死にさせろ、といいます。命令を受けた軍の長は、そのとおりウリヤを激しい戦いの前線に出し、ウリヤは戦死してしまいます。

それを聞いたダビデは、その喪が明けると、バテシバを呼んで自分の妻としてしまうのです。神はそれを怒り、預言者ナタンを通じてダビデに災いが起きる、と告げます。やがてバテシバが生んだ子は病気になります。ダビデは神に嘆願しようと断食をしますが、子どもは7日目に死んでしまいました。

いまでいうと「略奪愛」ですね。しかも殺人罪つきです。とんでもない大犯罪です。いまから3千年ほど昔の話とされてますが、当時は王様には何人もの妻がいたようです。ダビデにも複数の妻がいたと記されていますが、人妻を強奪したうえ、夫を殺害するよう命じたのです。ユダヤ人の歴史上、最高の英雄とされるダビデでさえも、今でいえば人の道にもとるような所業をしたことに驚きます。しかも、それ以上に驚くのは、『聖書』がそれを赤裸々に書いているという点です。まあ、このように『聖書』にはなんでもかんでも載っているから面白いのですが…。

さて、タイトルです。話は芸能人の不倫について週刊誌がよくとりあげる内容と似ています。直球型なら「ダビデの不倫」「ダビデのスキャンダル」でしょうが、まずはともかくディテール型でつけてみましょう。
では、そのディテールがいくつあるか、あげてみてください。

▽ダビデが水浴の人妻に一目ぼれし強奪
▽ダビデが不倫相手の夫で軍人を危険な最前線に送りこみ死なす
▽ダビデが断食して神に嘆願するも不倫相手の子は神の怒りをかって病死

このスキャンダルでインパクトがあるのは、不倫相手の夫を殺してしまう点でしょう。そこをタイトルにしてみましょう。

「ダビデが水浴人妻と不倫　軍人の夫を激戦地に送り込み殺害」

具体的なタイトルです。ここで問題の隠すタイトルですが、タイトルとしてもっと魅力的になるかどうかやってみましょう。

たとえば、殺害の方法を隠すとどうなりますか。

「ダビデが水浴人妻と略奪愛　軍人の夫を殺害した残忍な手口」

「残忍な手口」とは、何なのだろうかと多くの人は思うはずです。タイトルで明かしてしまうよりも、この部分は隠した方がタイトルとして効果的でしょう。

とまあ、ディテール型はどこまで明らかにするか、どの部分を隠してあいまいな表現にするか、そこをよくよく気をつけないといけません。

できるだけたくさんのタイトルをつけて、覚えるしか上達の方法はありません。ともかく毎日毎日、タイトルをつけてみることです。

第9回
タイトル練習5「並列・対比型」

これまで「直球型」と「ディテール型」のタイトルをつけてみました。この二つのタイトルができれば、だいたい9割以上のタイトルはカバーできると思います。

以下は、タイトルの種類を多く身につけるためのものです。タイトルをつける技をできるだけたくさん持つためのものです。

野球でいえば、変化球のようなものになります。ツーシームやフォーシームなどの直球系だけでなく、フォークボールやシンカーなども覚えておきましょうということです。直球型やディテール型に比べると、それほど多く使われるわけではありませんが、知っておくとタイトルをつける技術に幅が出るというやつです。

最初は「並列、対比型」です。実際、これもよく見かけると思います。同列のものや反対のものを二つないしそれ以上並べるタイトルです。難しくはありません。

たとえば、

「頭のいい人、悪い人」

「いい」と「悪い」が対比されています。

「仕事できる人、できない人」

「できる」「できない」の対比ですね。

「したい結婚、したくない結婚」

「したい」「したくない」…とにかくなんでも正反対の内容のものを並べるタイトルです。書籍のタイトルでもよく見かけます。

「一般職、重い責任、軽い給料」

「増える軍事費、減る福祉」

「明るい未来、暗い過去」

色の対比に関することは結構多いかもしれません。

「赤鬼さん、青鬼さん」

「白い雪、黒い土」

ほかにもたくさんあります。

「太郎は短距離ランナー、次郎は長距離」

「妻は昇級、夫は降格」

「宝くじ、当たる売り場、はずれる売り場」

「月は東に日は西に」

「豊かな国、貧しい国」

「首相答弁　いつも言語明瞭、意味不明」

とにかくたくさんあります。


では練習をしてみましょう。以下の話は『聖書』のなかの有名な兄弟殺しです。

◆例題6

神が創造した最初の人類はアダムとエバです。エバは二人の子供を産みました。ふたりとも男で、兄がカイン、弟がアベルです。カインは土を耕し、アベルは羊飼いになりました。

ある日、兄カインは神に供え物をしようと自分の土地でとれた産物を捧げます。弟アベルは羊の供えものをしました。ところが、神はアベルの供え物を喜び、カインの方は顧みませんでした。カインはこれに腹をたてて顔を伏せます。これを見た神は「なぜ怒る?　なぜ顔を伏せるのか。正しいことをしているのなら顔をあげればいいでしょう」と言います。

ある日、カインは弟アベルを野に誘い出して殺してしまいます。

神は「アベルはどこに行ったのか」とカインに尋ねますが、カインは「私は弟の番人ではない」と言ってウソをつきます。神はアベルの声が地中からすると言って、カインに「地の放浪者となれ」と言って罰を与えます。

でも神様はどうしてカインの供え物を気に入らなかったのでしょうね。『聖書』の記述では、これ以上のことがわかりません。たとえば、誰かがこの事件を取材して『聖書』と同程度のことを書いたとしたら、取材不足で採用されません。でも、ここはこれ以上分からないので、この記述を前提にタイトルをつけてみましょう。

あくまで対比型の練習ですから、殺人の部分はなくても大丈夫です。対比できるところでやってみましょう。

「エバの息子　カインは農夫アベルは羊飼い」

神の供え物に対する好みに焦点をあてれば、

「神様はアベルの羊好き、カインの野菜は嫌い」

いくつでもできそうです。


ここでひとつ注意ですが、タイトルをつけるときに、初心者が陥りやすい点があります。それは助詞を丁寧につけるということです。前にも記しましたが、助詞をつけると、確かに正確な文章にはなりますが、タイトルとしてはどこかかったるい、間の抜けたものになってしまいます。

タイトルを作るときは、助詞は必要最少限度、できるだけ省くようにするといいでしょう。慣れないうちは、助詞を普通につけて、一度、助詞を全部とっぱらってみてください。そしてどうしても意味が通じないところや語呂の悪さがある場合に、助詞を復活させるのです。そうすると、いいタイトルになるはずです。

たとえば、さきほどのタイトルですが、

「エバの息子　カインは農夫でアベルは羊飼い」

「神様はアベルの羊が好きでカインの野菜は嫌い」

などと丁寧に助詞をつけると、非常に正確なタイトルになりますが、読んでいて、かったるいですね。ともかく助詞はできるだけ除きましょう。

第10回
タイトル練習6「問いかけ型」

このパターンのタイトルは、記事を読んでくれる人、つまり読者に対して問いかけるものです。呼びかけるといってもいいでしょう。

これもよく使われるタイトルのつけ方ですし、そんなに難しくはありません。慣れればいくらでもできるようになります。

たとえば、健康問題で特集をしたとします。サプリメントの特集でどれが一番効果があるのか、といった記事があるとします。そういう場合に

「最強サプリ、ご存じ?」
「あなたは最強サプリ知ってる?」

などと、読者に問いかけるようにタイトルをつけるわけです。

音楽特集をしたとします。たとえば、

「君はゆずをナマで聴いたか」
「安室奈美恵、最後のステージ見たか」

などと、読者が目の前にいると想定して問いかけるわけです。簡単だと思います。

スポーツなら
「フィギュアスケート羽生選手の４回転見たか」

「イチローのTシャツが買える店知ってる?」

とか、いろいろ浮かんできます。

では実際に作ってみましょう。


以下の話は、有名な「ノアの箱舟」です。

◆例題7

ノアの時代になると、人は増え、地に暴虐が満ちてしまいました。そこで神は「すべての人を絶やそうと決心します（神様はなんと気まぐれかと思ってしまいますが、そう書いてあります）。神は造った人類を一度、清算しようとして滅ぼそうとします。

しかし、ノアだけは例外で箱舟を作るように指示します。舟の長さは３００キュビト（長さの単位。１キュビトは肘から中指の先まで）、幅50キュビト、高さ30キュビトと細かく指示します。三階建てとし、ノアの家族と鳥や獣をつがいで乗せるよう命令します。そして大洪水が起きます。洪水は40日続き、山まで水没、水がひくまで150日かかりました。

生き物は死に絶えます。箱舟はアララテの山に漂着しました。ノアは水が引いたかどうかみるために、カラスを放します。さらにハトを放しました。ハトは戻ってきたとき、くちばしにオリーブの葉をくわえており、それで水がひいたのが分かりました。これは直球型なら

「ノアの箱舟物語」

「ノアの箱舟150日の漂流」

ディテール型なら

「ノアの箱舟　最初に飛ばしたのはハトでなくカラス」

「ノアの箱舟　ハトが教えたくれた重大事」

「ノアの箱舟　ハトがくわえたオリーブの意味」

などと、つけられます。

これを問いかけ型に直すとなると、

「君はノアの物語を知っているか」

「ノアの箱舟、最初に飛ばした鳥はなに?」

といった具合になります。難しくありませんね。

箱舟が漂着したというアララテという山は、トルコに同名の山があって、箱舟が発見され

たというまことしやかな話もあります。真偽は不明ですが、トルコあたりに住んでいれば
「君はノアの箱舟を見たか」
なんてタイトルもありかもしれません。
いずれにしろ、このパターンは読者に問いかけることです。しかし、単になんでも問いかければいいというものでもありません。これまで言ってきたように、そのタイトルをみて、読者が読む気が起きるかどうか、そこが勝負の分かれ目です。心をくすぐっているか、相手のハートを直撃しているか、タイトルを作りながら、必ずそのことを考えなければなりません。

第11回　タイトル練習7「脅し型」

読者に問いかけるタイトルを練習しましたが、読者を相手に想定すると、他にもいろいろなやり方があります。

ひとつは読者を「脅す」やり方です。

たとえば、年金問題は高齢者だけでなく、若い人たちにとっても大問題ですが、年金特集をやったとします。

「あなたは大丈夫？　年金もらえる額は実はこれだけ」

読者の不安につけいって、脅す手法です。

年金だけでなく、子供の犯罪が増えたとすれば、親にとっては自分の子のことが不安でしょうから

「あなたの子どもを犯罪者にさせない10の鉄則」

病気が心配な人を読者に想定しているならば、

「35歳になったらやめよう　体を蝕む五つの悪習慣」

など、「脅し型」もたくさんあります。

ここからは練習問題がありませんが、自分でいろいろな場面を想定しながら、タイトルをつけてみてください。

第12回
タイトル練習8「読者挑発型」

これも読者に直接投げつけるタイトルです。相手を挑発するのです。

たとえば、熟年離婚が増えています。そこで熟年離婚の特集を組んだとします。たいていは、男が鈍感で妻に離婚されるケースが多いようですが、ここでは逆に男の側から別れたいというケースの場合。

「熟年離婚　したいのはオレだ」

女性を挑発しています。ケンカを売っているようなものです。タイトルとしてのインパクトは強くなりますが、これを載せた媒体への反発も女性から強くあることを知っておくべきかもしれません。

スポーツでは、よくサッカーファンと野球ファンのいがみ合いがみられます。

サッカーファンを刺激しようとすると

「サッカーファンには理解できない巨人阪神戦の醍醐味」

などというのもアリでしょう。

第13回 タイトル練習9「読者の心になりきり型」

記事の内容によりますが、読者の心を読者に代わって宣言するタイトルもあります。あるいは、読者の欲望や願望を読者になりきって言ってしまう、そういうタイプのタイトルです。たとえば、女性は美しくなりたい、同時におカネもほしい、そんな願望をテーマにした記事なら

「マネー美人になりたい」

「マネー偏差値を高くしたい」

次は、実際に私がかつてつけた見出しですが、ひところテレビで血液型がB型の人はちょっとおかしい、といった風潮が強まったことがあります。幼稚園や小学校ではB型の子供がいじめの対象になったりして、社会問題になったことがあります。もちろん専門家は血液型が性格形成に影響を及ぼすという根拠はない、という趣旨の解説をあちこちでしたにもかかわらず、世間には誤った見方がどんどん広まっていきました。そこでつけたタイトルです。

「B型をいじめるな！」

B型の人たちの思いを代弁したタイトルです。結構、反響がありました。

ともかく読者の心のなかにある願望や欲望を代わりに宣言してしまうのです。

「地方出身女は損だ」

「就活の学歴不問はウソだ」

など、です。

第14回 タイトル練習10「引用型」

さて、次は名づけて「引用型」です。これは話題の人物や動物、流行語になったフレーズ、誰でも知っている事件名などを使うやり方です。誰でも知っていそうなものなら何でも結構。有名な本やゲーム名、名画、名曲など、なんでも使いましょう。

たとえば、安倍首相ですが、まだ首相になる前に発言がいろいろと軽いことが指摘されていました。今でいえば、チャラい感じです。そのころに、どこかの週刊誌ですが、つけたタイトルが「安倍晋三　存在の耐えられない軽さ」といったものでした。

『存在の耐えられない軽さ』はチェコスロバキア（1993年、チェコとスロバキアに分離・独立）生まれの作家、ミラン・クンデラの有名な著書ですが、誰もが知っているかどうかとなると疑問の点もないではないのですが、まあ、事例としてはこんなつけ方です。

かつて解剖学者、養老孟司さんの『バカの壁』が大ヒットしたときには、これを使ったタイトルがオンパレードという時期がありました。

「ウチの上司のバカの壁」

「就職面接官、バカの壁」

などです。

「○×力」「○×モテ」「○×脳」もはやりました。

「東大脳つくった家庭力」

「春モテのワンピ」

「あなたはサッカー脳？ 野球脳？」

オタク用語の「○×萌え」も幅広く使われました。

予備校講師の林修先生は「今でしょ！」の決めフレーズで一躍テレビ界の人気ものになりました。この「今でしょ！」というフレーズは、流行している真っ最中であれば、これをタイトルに使えば誰でも何らかの反応を示すでしょう。つまりウケがよくなるはずです。

たとえば、憲法改正推進派の記事があったとします。

「憲法改正　今でしょ！」

よく当たる宝くじ売り場の特集記事があったとします。

「宝くじ　買うなら今でしょ！」

などという感じです。


次に流行語をそのまま使うのではなく、表現の一部を勝手に変えてしまうやり方もあります。もじってしまうわけです。

たとえば、自民党総裁選のときに『週刊朝日』がキャンペーン的に記事を書いていましたが、その連続タイトルとして、「踊る大総裁選」というキャッチコピーを使っていました。もちろん、映画『踊る大捜査線』をもじったものです。

まあ、ダジャレの延長みたいなものです。

「格差」が社会問題化すると、これもいろいろと使われました。

「カップル、育ち格差の悲劇」

「メタボ部長とイケメン課長の髪格差」

などと幅広く応用がききます。

第15回 タイトル練習11「引き寄せ型」

なにか事件が起きたとします。その事件は他人事ではなくて読者のあなたにとっても身近なことなんですよ、と迫るタイトルです。

たとえば、老いた夫が介護疲れで妻を殺害したとします。

「あなたの○×事件　介護は大丈夫?」

とやるわけです。

かつて都内の幼稚園で母親が友人の園児を殺した事件がありました。事件直後でしたので、母親同士の確執なのか事件の真相は分かりません。しかし、世の親に与えた衝撃は大きいので「あなたの××事件」と振って特集をしたことがありました。これもこのパターンになるでしょう。

第16回 タイトル練習12「勝手に造語型」

「集中豪雨」「ヘアヌード」「ウマネーゼたちの言い分」「刺客選挙・ライオン髪の女たち」「結婚するなら三低男」「カエリーマンの仕事術」「かしづく女の時代」「20代ガチ・ナショナリズム」

編集部で言葉を作ってしまう場合もあります。あまり知られていませんが、「集中豪雨」というのは新聞記者が作った言葉です。「ヘアヌード」は某週刊誌。「結婚するなら三低男」「カエリーマンの仕事術」などはアエラで作った見出しでした。

ネット特有の言葉もたくさんありますね。「クリぼっち」「リア充」「オワコン」……こうした造語をつくるのです。作って世に出すのは自由です。といっても、誰もわからない造語では意味がありません。だれもが「ああ、なるほどね。そういう言い方もあるね」といった具合に分かってもらわないとダメですね。

第17回
タイトル練習13「勝手にキメつけ型」

「30歳で成人式がいい」

「晴れた日は東京を歩こう」

これも編集部で勝手に作るのですが、造語ではなく、内容の是非を勝手に決めてしまうやり方です。

第18回
タイトル練習14「リズム型」

とりあえず、このあたりで終わりにしますが、意味よりもリズムを大切にするタイトルのつけ方です。

たとえば、

「ダンス・ダンス・ダンス」

これは村上春樹の有名な小説のタイトルです。もとはビーチ・ボーイズが歌った曲のようですが、これなんかが好例です。

かつて私の同僚がつけたタイトルが

「ラン　オンナ　ラン」

というものでした。走る若い女性たちが増えているという記事だったと思います。

以上、ここまでくると10種類以上のタイトルパターンを身につけたことになります。最初の「直球型」と「ディテール型」が基本で、9割はカバーできると思いますが、他とはひと味違ったタイトルにして目だつには、いろんな技を持っていたほうがいいのです。

プロ野球でさえ、10種類以上のボールを投げられる投手はなかなかいないでしょう。きちんと身につければ、プロ以上になれるということです。

第19回 ネットメディアのタイトル

以上、長々とタイトルについて書いてきました。入門編にしては、すこし長くなってしまいました。繰り返しになりますが、タイトルはともかく練習することが第一です。必ず毎日、なにかしらのタイトルをつけてみることです。

◆「見出し脳」をつくる

電車に乗ったら中刷りの見出しを自分なりに修正してしまうこと。自分ならもっといいタイトルをつけることができると、そのうち自信が出てきます。ネットを見ているなら、自分で次々とタイトルを変えてみればいいのです。そうすると、あなたの頭脳は「見出し脳」とでもいう状態になります。

見出し脳になると次のようになります。たとえば、友人とだべっているとします。そんなとき、「ああ、その話は要は○×△ということだね」などと、見出しでまとめることができます。こうなればしめたものです。

ともかく、練習、練習、練習です。これ以外に上達の道はありません。

さて、最後にネットにおけるタイトルです。ネットメディアに移った最初のころですが、ネットにはネット特有のタイトルのつけ方があるものだと思いました。

考えてみれば当たり前なのですが、新聞には新聞のタイトルのつけ方があり、雑誌には雑誌流があり、書籍には書籍流があって、テレビはテレビ流、と舞台が違えば、カルチャーも違いますので当たり前のことです。

ネットにはネット特有の言葉があり、それが一種独特のタイトルを生んでいます。しかし、ネットメディアは総じて紙でいえば、雑誌に近いタイトルのつけ方をしています。タイトルが魅力的でなければ読んでもらえないわけですから、どうしても扇情的になったり、もったいぶったりしたタイトルが多くなります。それに輪をかけてネット特有の言い回しで、さらに煽るタイトルが多くなります。

たとえば、
「爆誕！★★ゲーム新作キター！」
「破壊的にヤバイ！大谷選手が神対応！」
「知ってた？有名人が次々ハマる　あの激うまドリンク！」
「超絶！サッカー長友が鬼プレス」

ともかくこれ以上はない、というくらいの激情むきだし、アドレナリン200％、煽りマックスのタイトルを付けるのがネットです。

私自身も確かに最初のころは、こちらも負けまいとしてどんどん言葉使いが激しくなる一方になり、なおかつさらなるパワーのある激しいタイトルがつくと満足感もありましたが、やがて2、3か月も経つと、だんだん飽きがくるようになってしまいます。

しかし、ネットはそういう世界だと理解するしかありません。ネットの編集者をめざす人はますます増えるでしょう。

タイトルには紙もネットもありません。タイトルをつける技をたくさん持っていることが生き抜いていく方法です。そのためには、ともかく練習です、練習に練習を重ねてください。

第20回 よろしくないタイトル

さて、タイトルの最後は、できたらこんなタイトルは避けよう、という話です。プロがつけたタイトルでもこれはやめたほうがいいというタイトルがあります。実は日ごろ、非常に多く目にするタイトルなのです。

まずは、釣り見出しです。

たとえば、スポーツ新聞でよくみかける始球式の見出しです。

◆釣り見出しの典型

「タレント●●さん、ノーバン投球!」

が典型的なものです。

これはミニスカートをはいた女性タレントが足を高くあげた画像と一緒に並べられているため一瞬、「ノーパン」と読んでしまうのです。内輪の遊びなら結構ですが、プロの編集者がするようなことではないですね。

次もよくみかけるパターンの見出しです。

「カンジャニ、麻薬で逮捕！」

これは驚きますね。関ジャニの誰が捕まったんだ、と一瞬思ってしまいます。スマホで見ていれば、思わずクリックしてしまいます。しかしこれは実際にあった記事で、読んでみると、カンジャニという名前の外国人が逮捕されたという記事です。カンジャニという人は日本ではだれも知らない無名の人です。これも典型的な釣り見出し、ということができます。

さて、次ですが、このパターンも結構目につきます。雑誌ではまだまだ多く使われていますが、ネットの一部のニュースメディアではやってはいけないことになっています。

「話題のAカップ麺　あの伝説の味を再現」

「人気ナンバーワン女優、熱愛の相手はあのイケメン男優！」

これは「あの××」という表現で記事を読ませようという意図がありありです。実際に記事中に名前が出ているということならば、見出しにちゃんと書きましょう、ということです。記事を読んでも名前が出てこない場合もあります。この場合は本当に悪質ですが、ともかく「あの」とか「その」とか、思わせぶりなことはできるだけやめましょう。

以上に比べると、以下はたいした問題でないかもしれません。でもタイトルとしては、できるだけ避けたい表現です。

たとえば、

「ＳＭＡＰ解散、キムタクはジャニーズ残留なのか」

「安室奈美恵が引退か」

「エース大谷、肘手術で復帰にまる1年?･」

注意していると、こういうタイトルは非常に多いということに気づくと思います。このどこがいけないかというと、文末の「?･」や「～か」という記事自体の自信の無さなのです。なんだか勝手に書いているのではないか。ウラ取りをきちんとせずに書いてしまっているのではないか。そういった懸念を読み手に与えてしまいます。

厳密にいうと、タイトルが悪いというよりは書き手の取材が完璧にできていないという点が根本的な原因なのです。

ネットでも紙でも書き手とタイトルを付ける人間は別でしょうから、タイトルを付ける側としてはできればやりたくない。そういう意識がどこかにあるはずです。でも仕方ない、というのが現場のホンネでしょうが、できるだけ避けたいものです。

第2章

取材と書くこと

第1回
取材の基本は人に会うこと

編集者になっても取材は必要です。できたら取材、執筆できる方がいいでしょう。そこで編集の話に入る前に、まず取材と執筆についてふれたいと思います。ライターもできる編集者はいろいろな意味で仕事の幅も広がりますし、あなたの能力を十二分に発揮できるはずです。

取材ってなんですか？ と聞かれた場合、一言で答えるとすると、人に会ってその人のホンネを聞き出すこと、ということになります。新聞でも雑誌でもテレビでもネットでも、取材はほとんどの場合、人に会って話を聞くことです。

もちろん、動物が取材の目的の場合もありますが、その場合でもたとえば動物園の飼育係とか、その動物となんらかの関わりのある人にまずは話をきくことがふつうでしょう。最初にやるべきことは、やはり人に会って話を聞く、ことになるわけです。

ルポルタージュという方法があります。これは自分が聞いたり見たりしたことを報告する手法ですが、人に聞くこともありますが、人が誰にどういう発言をしたか、といった第三者的な描写が多くなるかもしれません。また情景描写などがかなり入る場合があります。

これまで発表されたルポルタージュのなかでは、代表的な作品がジョン・リード『世界をゆるがした十日間』です。だいぶ古い作品ですが、ロシア革命のとき、現場で何が起きていたか、がいきいきと描かれています。ニュース編集やニュース記事を書きたい人は一度は読んでおくべきでしょう。

さて、取材は人に会うのだから誰にでもできて簡単だと思いがちです。確かに誰にでもできることですが、簡単かと言われるとそうとはかぎりません。

まず、有名人の場合は、会うこと自体が大変な作業になります。たとえば、総理大臣に会うとします。これは極めて難しいでしょう。

可能性のあるのは新聞社やテレビ局の記者で総理番といわれている記者たちです。あるいは彼らの上司である、官邸キャップといわれるベテラン記者でしょう。毎日、総理大臣や官房長官にくっついて、その動向をチェックするのが仕事ですが、しかし、彼らも総理大臣とサシでインタビューできるかとなると、これは至難の業です。

せいぜい「ぶら下がり」といって、総理大臣が官邸などに戻ったときや出ていくときに、他の記者たちと一緒に、ひとことふたことやりとりするくらいが関の山です。

これはインタビューとは程遠く、相手側が言いたいことがあるときに実現するわけで、都合が悪い時や聞きたくない質問が出る場合などは、やらないでしょう。一方的な意見表明みたいなものです。

記者会見というものもありますが、これはインタビューとはまた少し違います。たくさんの記者がいますから、せいぜい一人一問くらいしか聞くチャンスがありません。自分の聞きたいことのほんの一部分しか聞けないわけです。

こうやってみると、人に会って話を聞くというのも、いろいろなケースがあって、そんなに単純ではないことがわかります。ましてやホンネを引き出すとなると、結構難しい話なのです。だいたい、人間は初めてあった人になかなかホンネは言わないでしょう。

いずれにしろ、聞きたいことを十分聞けることとなるとやはり一対一のインタビューが最適です。では、インタビューはどうやったらいいインタビューになるか。次にそれを考えてみます。

第2回 インタビュー前の準備

取材をするのは記事を執筆するライターだけではありません。編集者も企画を立てるために取材をしなければなりません。

編集者のなかには自分で記事を書いたことのない人もたくさんいますが、できたら取材し執筆するという経験をした方がいろんな意味で世界が広がり、仕事の幅も広がって将来的には役立つと思います。

まず、編集のカンというかツボの押さえ方が広がります。なにかを編集する際の発想も豊かになるでしょう。

さてインタビューの準備です。

たとえば、元プロ野球選手のイチローにインタビューするとします。どういう準備をすればいいでしょうか。いきなり超有名人となると、準備も大変ですが、大小の差はあっても準備の基本は同じです。

まず、イチローに関する公表されているあらゆるものを集めることです。まずは書籍類。雑誌の記事。映像。ネット上のデータ。それらをすべて見て、読んで「イチローノート」を作ります。

何を書くかといえば、生まれ、育ち、野球以外を含むエピソード、人間関係リスト。人生の転換点、過去発言した言葉、野球の戦績、記録、おもな試合、活躍のシーン。所属したチーム、球団、など膨大な項目になります。でもイチローにインタビューするとなると、そのくらいはしないと面白いインタビューにはならないでしょう。

一生懸命にやると準備の段階で本の一冊や二冊、書けそうな膨大なデータが集まります。昔、疋田桂一郎という有名な朝日新聞社の記者がいました。夕刊で「わたしの言い分」というインタビューの連載をしたことがあります。当時は非常に評判のいい連載で、いろんな賞をもらったかと思います。そのインタビューの準備をどうやっているかを書いたものがありますが、ノートが何冊もできたそうです。つまり本が書けるほどのデータを集めたわけです。

しかし、多くの場合、準備にそんなにたっぷり時間と労力をかけられるかとなると、現実はそうはいかないものです。疋田記者の場合は、ある意味、ぜいたくな仕事のやり方だったといえるかもしれません。毎日毎日、さまざまな仕事に追われている編集者やライターにはそんなゆとりはないかもしれません。

でも一方で、準備は怠りなくしなければなりません。どうしたらいいでしょうか。実際に日常的に行われているインタビューの多くは、準備に本の二、三冊かけるほどデータ収集をするゆとりがありません。

その場合、ひとつのやり方としてインタビューの目的を明確にすることです。

たとえば、イチローにインタビューする場合、何を聞き出したいのか、まずは目的を一点に絞ることです。

米国で監督をしたいのかどうかを聞き出したいのか。

日本に戻って野球に関係するのかしないのかを聞き出したいのか。

といった具体的に何を聞くのかを絞ることです。そしてそのテーマについて、これまでオープンになっている情報をすべて集めるわけです。

第3回 質問の作り方

インタビューで大切なことは、とりあえず二つあります。

ひとつは、前述したようにこのインタビューは何が目的なのか。何を明らかにしたいのか。

何を狙って行うのか。といった点を事前に明らかにしておくことです。

プロでもありがちなのが、何を明らかにしたいのか、単にだべりにいっているのか、というレベルのインタビューが時折、目につきます。

よく事前に質問は少なくとも10は作りなさいとか、いや20は必要だということが初心者向けに言われますが、質問の数よりも、この人に何を聞いて何を明らかにしたいのか。そのインタビューの目的、狙いを明確にすることが一番大切です。

たとえば、大谷投手のフォークボールの握り方を明らかにしたい。汚職疑惑の国会議員に本人がどこまで関与しているのか、明らかにしたい。開店したばかりで評判のいいケーキ屋の生クリームの味はどんなレシピから生まれているのか明らかにしたい、などです。

目的が達成できるかどうかはインタビューしてみないと分かりません。インタビューは出たとこ勝負のところがあります。目的が難しければ難しいほど、達成はもちろん困難をきわめます。そしてインタビューをやってみたら、事前に思っていたのとはだいたい違った展開になる。そういうケースが多いのが現実です。

しかしながら、インタビューする側としては、何もしないわけにはいきません。考えうるあらゆる答えを想定してシミュレーションを事前に考えておくのがプロの仕事です。これが第二の大切な点です。

こう聞いたらこう答える。3つくらいの反応は、想定しておかねばなりません。それぞれの想定に従って、次の質問を考えておきます。インタビューで一番聞きたいこと。つまり、最終目的の回答を得るため、その道筋を考えうる限り考えておくと、想定外の展開になったときに軌道修正がきくものです。

従って、肝心なのはインタビューの目的にむけて、どういう流れを作るか、どういうルートで頂上までいくか、そのための質問を用意周到に作る、ということになります。

相手が政治家であろうが、スポーツ選手であろうが、あるいは駅前に出店したばかりのパン屋の主人でも同じです。何を知りたいのか、そのためにどういう質問をするのか。そう考えて、事前の情報を集め、質問を作っておくわけです。

第4回
まずは相手にしゃべってもらうこと

インタビューは相手にしゃべってもらうことが肝心です。質問する側がべらべらしゃべって、インタビューを受ける側があまり話さないということが時折あります。これは最悪のインタビューです。

こういうのは「演説インタビュアー」といいます。質問の代わりに自分の考えを滔々と披瀝する人のことです。実例も知っていますが、だいたいろくに仕事のできない人がほとんどです。これはやってはダメです。

逆にほとんど質問しているのかしていないのか、分からないようなインタビューをして、すごい記事に仕立てる人もいます。これは実際に目撃した例ですが、プロ野球の巨人軍の長嶋茂雄終身名誉監督に、ある記者がインタビューしたときです。

その記者は、ぼそぼそとひと言ふた言発するだけでしたが、答える長嶋さんはえんえんとしゃべり続けていました。もともと話の好きな人のようですが、それにしても何を聞いているのか、分からないようなボソボソ質問は、結果的には素晴らしい記事になりました。

とにかくインタビューでの質問は最低限の発言にとどめ、相手に気持ちよくしゃべらせることが一番大切なことです。

政治家の小沢一郎さんにインタビューしたときでした。当時、政治腐敗がひどく、政治献金をはじめとする一連の政治改革の先頭に立っていました。たしか「新生党」時代だったと思いますが、政治改革の取材チームに入っていた私は、打ち合わせで小沢インタビューを提案して、早速、申し込みをすることになりました。

新聞社の社会部にいましたから、政治家はだいたい社会部の記者には会いません。インタビューはふつうなら政治部の記者とするわけです。ダメもとでインタビューだけは申し込みました。すると、5分くらいしてから「今から来てほしい」という返事が秘書からきたのです。

こちらは99％だめだろうと踏んでいたわけですが、想定外の展開にすぐさま出かけました。ビルの地下一階だったと記憶しています。事前に秘書からは15分だけです、と言われていました。そこで単刀直入に質問しました。

たしかテーマは国会議員と国の補助金、だった気がします。つまり国会議員というのは、国の予算を分捕って地元に持って帰る。分捕り合戦でいかに力を発揮できるかが、政治家の力量であり、評価につながるわけです。ところが、これこそが政治腐敗の温床となっていたわけなのです。その点をどうするのか。単刀直入に聞きました。

小沢さんは自分の考えを詳しく述べて、時間はあっという間に15分を超えました。こちらはもっと聞きたいが、15分を過ぎてしまったので、気が気でない。しかし、結局1時間ほどのインタビューとなったのです。相手に気持ちよくしゃべらせる。しゃべりたいことを全部吐き出してもらう。そのために質問は相手のリズムを変えない、リズムに影響を与えない程度のコンパクトなものにする。話を聞きながら、もっと吐き出せ、もっともっとと思いつつ、次の質問をはさむわけです。

相手の話すリズム、口調、それに合わせて合いの手を入れる。そんなふうにあたかも一緒に「共演」しているような、意気投合しているような感じ。そういう具合に対応して相手に話を吐き出させる。とにかく気持ちよく話をしてもらう。よく競馬で騎手が替わると急に速く走ったり、逆に走らなくなったりする馬がいます。これは明らかに騎手との相性がいいか悪いかの問題です。インタビューも同じなのです。どうやったら相手が気持ちよく話ができるか。そこに神経を使うことです。

第5回 相手の共感をえること

インタビューも場合によっては相手の共感を得た方がスムーズに進む場合があります。たとえば、犯罪者にインタビューする場合など、共感もなにもないケースが多いでしょうが、そういう特殊な場合を除けば、共感をえることは必ずしも悪いことではないでしょう。

たとえば、かつて総理大臣だった橋本龍太郎氏にインタビューしたときでした。あるフリーのライターと一緒に出かけたのですが、予定の20分を大幅に超えて1時間ほどの長丁場のインタビューとなってしまいました。

それはある意味、事前に予想されていたことではあったのですが、実際にそうなったのです。橋本氏がインタビューにノリノリになってきたのが原因でした。理由はこういうことでした。そのライターの父親が生まれつき足が不自由な人だったのです。そして橋本氏の父親も足が不自由であったという共通点があったからでした。

最初はやや固い雰囲気のインタビューでした。というのは、そのライターはどちらかというと相手に手加減しない記事の書き方をするタイプで、最初は橋本氏のほうが警戒していたのだと思います。

しかし、いろいろと話をしているうちにいつの間にか、父親の話となって、ふたりで意気投合したような雰囲気になってしまったのです。意気投合というより、橋本氏のほうが、一方的に乗ってきたというのが実際に近い感じでした。最後は橋本氏のほうから握手を求めてきて、インタビューは終了しました。

あまり父親のことは話しをしたことがなかったのだと思います。父親への思いを分かってくれる人間が現れたと思ったのかもしれません。いずれにしろ、インタビューする側としては、想定外に話をしてくれたので、最高のインタビューになったのは間違いありませんでした。

父親が共通点を持っているなどというケースは、めったにあるものではありません。しかし、インタビューされる側と趣味が共通であるとか、出身地が同じであるとか、あるいは相手側がなじみのある街に住んだことがあるとか、そんなことはよくあることです。

なにかの発言のときにそうしたことが出てきた場合、ちょっと横にそれて、不快感を与えない程度に話題を変えてみるというのは、インタビューを盛り上げるためによく使う手です。

これも相手の話によく集中していないとできないことなのですが。

第6回
誠実であること

インタビューはどういう相手であろうと、まずもって誠実であることが必要でしょう。会った瞬間に相手から毛嫌いされるようでは、話になりません。やたらと卑屈になる必要はありませんが、第一印象からバッテンをつけられないように気をつけたいものです。

ある政治家に会った時のことです。彼は自民党の商工族のドンといわれたほど、商工関係業界からは支持を得ていました。ある年の政治資金の一部が、業界団体からあったので、その理由を聞こうとインタビューしたことがあります。

こちらも隠すことはなにもないので事前にインタビューの目的を告げてありました。しかし、会ったとたんに、政治資金とはまったく関係のない話をし始めました。そこで最初は時候あいさつ程度だと思って、好きにしゃべらせていました。適当に相槌をうちながら、聞いていたのですが、突然、彼が文句を言いだしたのです。

いわく「なぜ君はメモを取らないんだ。こっちは忙しい中、一生懸命話しているのになぜメモを取らないんだ」とすさまじいばかりの剣幕でいうわけです。

私も不意をつかれ、かつそんなことで怒る小物な奴だったのかとあきれ返りつつも、「大丈夫です。ちゃんと覚えていますから」などと適当に返答して、メモをとるマネをしました。

案の定、成果があまりないインタビューとなってしまいました。肝心な質問には、話をそらして答えず、よくある野党の質問に大臣がはっきりと答えないといった国会でよくみかける問答になってしまったのです。いわゆる堂々巡りのインタビューでした。失敗です。

むこうは「不誠実な奴」と思い込んだに違いありません。こっちはこっちで、話をそらして業界からカネをせびっているせこい奴、ともともと悪い印象をさらに悪くして帰ったのですが、明確な言質を得られなかったこちらの負けです。

これと正反対だったのが、ある銀行の頭取にインタビューしたときでした。銀行の経営方針を聞く予定で30分ほどのインタビューを想定していました。ところが、終わったら2時間近く経っていたのです。ふたりで頭取室に閉じこもったまま、さぞかし秘書の人たちはやきもきしたと思います。

話が長くなったのは、経営についての話は予定通りに終わったのですが、頭取がどういう人生を歩んできたかという半分世間話のようなことで盛り上がってしまい、長くなったのでした。

こちらは頭取がどういう人なのかは通り一遍の情報があれば記事ができますので、それでよかったのですが、まじめに聞いているうちに、向こうが一生懸命に細かいことまで話しだし、聞くのをやめるわけにもいかず、延々と聞かされるはめになってしまったのでした。決してつまらない話ではなかったのですが、聞きながら、時間は大丈夫なのかと他人事ながら心配してしまうほどでした。

あとで秘書の人に聞いたら、「頭取という立場は大変ですから、誰かに聞いてもらいたかったのではないでしょうか」とのことでした。

相手の話には最初はつまらなくとも相槌を打ちながら真面目に聞きましょう。そのうち思わぬ話が出てくる可能性もあるのです。

第7回 人間には他人に聞いてもらいたいことがある

人間、誰でも他人に話したいことがあるものです。駅前にオープンしたパン屋であれば、自分の店のパンが他の店といかに違うか。味について、種類について、値段について、いろいろなことをアピールしたがっているでしょう。

政治家であれば、どういう実績をあげたか。自分の政策が実現できたものをアピールしたがるでしょう。あるいは総理大臣との距離がこんなに近いんだ。だから自分を支持してくれれば、いろんなことが実現できますよ、と訴えたいかもしれません。

会社の社長であれば、最新の商品について、メリットを宣伝したがるでしょう。また、経営が好調であることを強調したいかもしれません。

こうしたことはすべてエゴです。自分にとって都合のいいことばかりです。それをそのまま書けばＰＲ記事になります。単なる自己アピールには気を付けた方がいいでしょう。他人に聞いてもらいたい話には、多分にエゴがつきものです。

たとえば、ある市役所の市庁舎新築問題で、建設費が当初の想定よりも大幅にかかることになりました。これに対して、市民団体が記者会見して、市長の責任問題を追及したことがあります。こういう場合は、その団体の主張ではあるものの、市庁舎にどのように税金が使われるかという、ある意味公共性の要素が入ってきます。

もちろんその市長の政治的な反対勢力がやっている場合もあります。しかし、そうした点を見極めておけば団体の行動を取り上げても、単なる団体の自己アピールのレベルとは違うことになるでしょう。

人間はいろんなことを話したがります。その発言者の背景などもチェックしないと結果的にだまされることがあります。

しかし、同じように話したいということでも、次のような例もあることを紹介しておきます。

阪神・淡路大震災のときでした。ある中学校の教師にインタビューしたことがあります。この地震では5千人を超える死者が出ました。その中学校は住民の一時的な遺体収容所とされていたのです。しかも、あまりの犠牲者の多さに体育館だけでは収容しきれずに、学校の脇の道路にまで遺体が安置される状況だったそうです。

その教師はそうした収容の作業を徹夜で手伝ったそうです。そしてふと気づくと、夜の道路に並べられた遺体の上に月明かりが煌々と射していたそうです。ただでさえ異常な事態のなかで、その時の光景が言葉では表現できないほどの衝撃で、その教師の胸になにか重いものを刻みつけたのだそうです。

1時間ばかり、地震があった日のことを語ってくれました。そして話が一段落し、こちらも質問がほぼ終わって、インタビューの御礼を言おうとしたときでした。その教師がこういったのです。

「記者さん、今日は話しを聞いてくれてありがとう。ここにあったものが今、本当に軽くなりました。本当にありがとうございました」

この教師が「ここ」と言ったとき、同時に手を胸に当てたのです。胸を押さえそう言ったのでした。こちらは想定外の言葉に即座に反応できませんでした。

インタビューは地震から何日もたっていたのですが、その間、あの光景をふっきれずにずっと胸が押しつぶされそうだったといいます。苦しくて苦しくて、自分ではどうにもならなかったのだそうです。

それが人に話すことによって、一気に外に排出され、今軽くなりました、と嬉しそうに話すのです。そういう経験はこちらにもなく、また聞いたこともなかったので、あっけにとられてしまいました。

特殊な例でしょうが、インタビューにはこういうこともあるということを覚えておいていただければと思います。

第8回 インタビューに「魔法」はあるか

ときおり聞くことですが、あの記者のインタビューはマジックだ、という表現があります。その記者がインタビューすると、どういう人でもなんでもしゃべってしまうという意味です。

インタビュー上手というのは確かにあると思いますが、魔法というわけではないでしょう。

これも阪神・淡路大震災のときでしたが、こういうケースがありました。

A記者がある被災者にインタビューしました。その被災者の家は大揺れでつぶれ、夫婦そろって家の下敷きになってしまったのです。でも夫婦は同じベッドで寝ていたので、身動きはできないけれども手や足は重なっていて、お互いに救助がくるまで声をかけあいながら励ましあっていました。

結果的には二人とも救助されました。しかし、夫の方が救助された後に亡くなってしまったのです。いわゆる「クラッシュ症候群」という現象で、身体が大きな圧力を受けて一定の時間がたった場合、血管の中に有害物質が蓄積され、それがもとで腎不全や心不全を起こすのだそうです。

A記者はその被災者である妻に被災当時の話を聞こうとしたのですが、最後まで話してもらえなかったそうです。理由は、どうもショックが未だ大きく肝心なところを話したくないようだ、というものでした。

ところが、同じ被災者に別の日にB記者がインタビューをしました。すると、すらすらと最後まで一部始終を話してしまったのです。

この違いは何でしょうか。A記者もB記者のインタビューに同席していたので、聞いてみると、B記者のマジックだというのです。

これでは何のことかさっぱり分かりません。よくよく聞いてみると、B記者は相手の表情や気持ちの乗り具合をよく観察しながら適宜、質問を挟んで聞いたのだといいます。

つまり、前に記したように、インタビューする相手の気持ちを第一に優先して、表情や話しぶりをみながら、うまく聞き出したということのようです。

相手が気持ちよく話せるかどうか、しかもこういう微妙なテーマの場合は、神経を使って投げかける質問も相手の気持ちの流れをさえぎらないようにすることが第一です。

それができない人にとっては「魔法」に見えるのかもしれませんが、できる人にとっては当たり前の常識的なこと、となるのです。

ともかく相手の気持ちを最優先で、話をきかせていただく。そういう姿勢で取り組んでいれば、いつかは「魔法」のインタビューも可能になるかと思います。

第9回 取材は一回限りと思え

新聞社にいて何年かすると、海外にでかけていって取材する場合が出てきます。海外と国内の違いは何か。もちろん言葉が日本語でない、というのが大きな違いですが、取材する側にとっての違いは、取材のチャンスは基本的には一度しかない、ということです。

いまではネットが発達して、メールでのやり取りは地球の裏側であろうと問題なく、行うことができます。実際に会った時に聞き逃したことや、その後、いろいろ出てきた疑問について、追加の質問をメールでやり取りすることが可能になりました。

昔はそんなことはもちろん不可能で、帰国してから電話しようと思っても、電話自体がなかなかつながらない国もたくさんありました。だから、インタビューで会ったときは、大げさに言うとこれが今生の別れのような気持ちで臨んだものです。

しかし、ネットが発達し、どんなに通信手段が便利になってもやはり取材というのは、一回限りだという覚悟で臨むことが大事だとおもいます。

海外を例に出しましたが、海外に限らず、国内でも取材は一回限りという覚悟でやるのが大事です。それはテーマによっては、人は二度と話したいとは思わないケースがあるからです。

取材は真剣勝負、とは昔からいわれていることです。そのとおりなのです。一回きりのインタビューですべてを聞かないといけないのです。メールがあるから、電話があるから、スカイプだってある、などと言っていては、集中力がそがれます。どこかに必ず落とし穴が出てくるものです。それを避けなければなりません。

特に特ダネの多くがそうだと思いますが、インタビューを受ける側が二度と取材を受けたくはない、受ける必要がない、というケースも往々にしてあるものです。

以下は笑い話ですが、取材は一回限りを突き詰めた記者の話です。

これは実際にあった、女性記者の話です。彼女が海外出張したとき、インタビューが延々と終わらず、取材相手がアゴをはずしたというのです。

本人に確かめたところ、お昼くらいから取材を始め、インタビューが夕方近くまで続いたそうです。相手もまた付き合いがいい人だと思いましたが、同席したカメラマンの話では結局は話し疲れたというのが真相のようでした。しかし、それにしても1時間や2時間でなく、半日もインタビューするというのは異例のことです。なぜこんなにねばったのか。それは場所が海外で、二度と会うことは難しかったせいだったためでした。

これっきり会うことはないだろう、という例は、海外の場合、枚挙にいとまがありません。たとえば、日本がはじめてカンボジアPKOに参加したとき現地で取材しました。

和平の撹乱要因とみられていたポル・ポト派の勢力が各地にまだ残っていました。そのポルポト派に会うべく、山のなかに入ります。インタビューのやり直しは状況からして考えられません。一回きりで聞きたいことをすべて聞かないといけません。

ソ連のゴルバチョフ時代の末期のころ、保守派によるクーデターが起きました。1991年夏のことです。このとき、ゴルバチョフはクリミア半島で夏休みをとっていましたが、首都モスクワに戻れず、幽閉された格好になりました。このとき、ゴルバチョフと一緒にいた秘書でソ連共産党幹部の話を聞いたことがありますが、こんなのも一回勝負のインタビューです。すべてを一回きりで聞かなくてはなりません。「あれを聞くのを忘れた」などというのはあり得ないのです。あらゆる質問を相手の回答を聞きながら確認し、できるだけ時間を引き延ばす、インタビューは命がけ、というのも大げさではないのです。

第10回
こちらをだまそうとする相手もいる

人間には話したいことがあるものだと記しましたが、人によってはインタビューをする側をだまして利用してやろうという例もあります。これにうかうか乗ってしまうと大変なことになってしまいますので、注意をしなければなりません。

2018年7月にオウム真理教の創始者、麻原彰晃（松本智津夫）死刑囚が死刑となりました。オウム真理教が起こした最大の事件は地下鉄サリン事件です。これはサリンという人間の神経を侵してしまう猛毒を地下鉄にばらまいた事件ですが、通勤時間帯に行われたこともあり、多数の犠牲者が出ました。

この猛毒サリンは教団の本部があった富士山の麓、山梨県の旧上九一色村にあった教団施設で製造されたと言われています。いくつかあった建物のうちサリン製造を行っていたのは第七サティアンと呼ばれる施設でした。

実は地下鉄サリン事件が起きる前、この第七サティアンに入ったことがあります。あるコネクションを使って、教団の弁護士に話をつけ、教団施設の一部を取材させてもらったのです。

目の前に富士山が偉容をみせています。教団の施設から見える富士山はこれまで見たあらゆる富士山よりも迫力がありました。その富士山のふもとに教団施設が広く点在していました。

そしていくつかの施設のなかに、第七サティアンがありました。当時の教団の弁護士の案内で中に入りました。しかし、なかは製造施設どころか、教団の礼拝所のようにカムフラージュされていました。

大きな仏像があったり、信徒たちが修行に励む道場だったりが目に入るばかりで、サリンの製造施設らしきものは全く見えなかったのです。

案内の弁護士は、第七サティアンは神聖な施設なのです、というようなことを言っていましたが、こちらはカムフラージュが明白だったので、まったく信用しませんでした。

ちなみにこのとき、彼らが主張していたのは、米軍が教団施設にサリンのような猛毒をばらまいている、というものでした。その説明をしたのが、地下鉄サリン事件で凶悪犯として捕まったなかで、唯一死刑をまぬかれた林郁夫元医師でした。

弁護士は米軍機の写真を撮影日時入りでこれでもかこれでもかと見せます。林は自分が診察した教団の信者の被害状況を話すのです。この症状はサリンに間違いない、と言って。しかし、彼は気が弱い性格なのでしょう。みるからにその表情はウソをついていることが分かりました。こちらが被害者の信徒に会わせてほしいといっても、それは難しいといって会わせてくれないのです。被害の証拠は実際のところ、なにもないのです。

この時の取材内容は結局、記事にはしませんでした。当時は新聞社にいたということもあります。雑誌ならある程度、「教団の大ウソ」みたいな見出しで書けたでしょうが、新聞に掲載するには無理と判断したためでした。

こんなふうに、取材する人間をウソでだまして利用してやろうという人間は実は世の中にはたくさんいます。オウム真理教のような、いわば有名な犯罪集団だけではなく、無名の人でもメディアを利用してＰＲしてやろうという人間は実は想像以上に多いのが現実だと思います。これは一種の詐欺のようなものですから、注意して引っかからないようにするしかありません。

第11回 インタビューの成果は「発見と感動」

インタビューがうまくいったかどうかは、何をもって判断したらいいでしょうか。すでに書いたように、インタビューには、事前に目的があったはずです。何を明らかにするインタビューなのか。まずはそれです。

その問いに対して、きちんとした答えがあったのか無かったのか。そこがポイントです。あったならば、それは新たな発見のはずです。インタビューの成果には、まず発見がなければなりません。通り一遍の言葉で中身を濁したような返答をもらって帰ってもそれは、発見とはいえないでしょう。

次に感動があるか、打ち震えるような話があったか無かったか。そういう点が成否を分ける要素になります。

インタビュー（取材）は狩りをするようなものです。手にした獲物がなければ失敗です。獲物とは「発見と感動」です。

新聞記者は毎日朝晩、夜討ち朝駆け（夜や早朝に取材先の自宅などを訪ねて話をきく）をします（最近はやらない新聞社もあるようですが）。担当が警察であれば、警察幹部の自宅を訪ねて今日は逮捕状をとるのか取らないのか、そういった情報を詰めます。相手も簡単には答えてくれません。ヒントを出してくれる場合があります。事件捜査の進展が分かれば「発見」です。

スポーツ担当であれば、たとえば、サッカー日本代表の監督は誰に絞られたのか。その情報を聞きにサッカー協会幹部に会いに行きます。空振りなら「発見」はありません。

経済担当の記者ならば、トヨタと日産は合併するのかしないのか。そうした情報を取るために会社幹部を追いかけます。

人に会うことは多かれ少なかれインタビュー、つまりは質問と回答、問答なのです。

第12回 記事のまとめ方

取材が終わり、一定の成果があったら、それを記事にまとめます。そこでどうやってまとめるかが問題になります。

まずは記事は面白いところから書き始めるということです。世間の人間はみな忙しいものです。最後の最後に面白いことを書いてやろう、なんて思っていたら、だれも付き合ってはくれません。最初の一行を読んで終わりです。あるいはタイトルを見てスルーです。ともかく面白いところから書き出す。これが鉄則です。面白いと思われなければ最後まで読んではくれません。つまらない前触ればかり書いていては、よほどの暇人かモノ好きでないかぎり、「はい、さようなら」です。

あなたが書くのは、映画のシナリオではありません。漫画でもありません。単なる記事ですから、最初から面白くなければ、だれもついてきてはくれないのです。

第二はタイトル、見出しに沿って書くということです。取材しているときはこの記事はどんな見出しになるだろうかということを絶えず、考えていなければなりません。見出しを考えずに取材するということは、取材の要点が分からないということです。なにを自分は取材しようとしているのか、あるいは、どういう取材がいま必要なのか、それが分かっていない、ということです。

たとえば、見出しのところで練習したダビデがゴリアテをやっつけた場面を思い出してみましょう。ゴリアテをやっつけた方法をタイトルにするのか、ゴリアテの首の処理をタイトルにするのか、によって話が違ってきます。見出しがちがえば、書き方も当然変わってきます。おなじ話でも、見出しの立て方によって記事は違ってくるのです。

見出しがきちんと立てば、記事は分かりやすくなります。見出しの通りに書けばいいからです。

郵 便 は が き

63円切手を、
お貼りください

114-0014

東京都北区田端6-4-18

リーダーズノート出版
感想文係
【編集の教科書】

フリガナ お名前	(匿名の場合ニックネーム)	性別	男・女	年齢	歳
居住地	都道府県　市区郡 (以下任意)				
ご職業					
E-mail	(任意)				

ご記入されたご住所、お名前、メールアドレスなどは企画の参考、企画用アンケート、および商品情報の案内の目的にのみ使用するもので、他の目的では使用致しません。このハガキに書かれた裏面メッセージは、別途承諾なく、書籍や記事などに利用させて頂きます。匿名をご希望の方は、その旨、お書きください。

ご購読ありがとうございました。本書をお読みになったご感想のほか、あなたのご意見や、本書に関係する体験などをお書きください。匿名やニックネームによる投稿も可能です。

あなたの脳みそを支配した段階になったら自分の記事を書きだします。そうすると不思議なことに、その模範となる文章と似たような文章が頭の中から出てきます。そうなればしめたものです。あなたの文章は分かりやすくなっているはずです。

この方法はプロの書き手もやっているはずです。似たような事例ですが、作家の村上春樹がデビュー作『風の歌を聴け』について語ったものがあります。そのなかで、最初小説を書こうとしたがうまくいかなかった。しかし、自分の好きな米国の小説家のようなタッチで書いたらすらすらと書くことができた、と。そういう意味のことを語っています。これはまさに好例ではないかと思うのです。あの世界的な大作家がそう言っているのですから、真似しない手はありません。

ただし、好き嫌いというよりも、分かりやすい、という点で選んだ方がいいと思います。だれが分かりやすいのかは、あなたが収集した資料次第ということになります。

第19回
取材の基本

さて、偉そうなことばかり並べても仕方がないかもしれませんので、私が一番最初に書いた記事のことを記します。

新聞社に入るとだいたい新人は警察を担当します。しかし、それまで新聞記事なるものを書いたことがありません。警察の人とも幸か不幸か縁がなく取材もしたことがありません。大学には新聞を作っているサークルがありましたが、バイトで忙しくて、そんなことをやっている暇がありませんでした。でも高校の時には一時、新聞部に入っていたので興味はあったのです。

警察担当のことをサツ回りといいます。サツは警察＝ケイサツのサツです。略称です。最初は交通事故の取材が多いと思います。新人記者は先輩記者に言われて、現場に行って来いと指示されます。「はい」と言ってでかけるわけですが、何を取材するか、一番最初はよくわからないものです。

先輩記者がいうには、現場に着いたらまず写真を撮ること、次に事故がどのように起きたか、目撃者の話を聞くこと、現場に警官や消防署員がいれば、その話も聞くこと。まあ、これくらいです。

私も最初は、ああその程度かと思い、そんなに難しい作業ではないなと現場に行きましたが、実際はたった15行程度の記事を書くのに半日くらいかかったのを覚えています。

取材の道具ですが、当時はペン、ノート、フィルムの一眼レフカメラです。最近はICレコーダを持っていく人が多いと思いますが、心理的にどうしても録音に頼るところが出てしまい、初歩的な段階ではお勧めしません。集中力がそがれるからです。人の話を聞くことは真剣勝負です。

交通事故のケースを続けると、まずは写真です。これは四方八方、上下（車の屋根が写る高い所からと、地面すれすれから）から撮影します。事故に関係した車は、必要な検証が終われば撤去されますから、できるだけ現場にある状態、つまり事故が起きた状態の写真を押さえることが大事です。

最近はスマホで動画もとることができますから、動画も押さえられればさらにいいにこしたことはありません。

次に実際に何が起きたのか。目撃者の話です。現場に警察や消防の人がいれば、ある程度、調査が進んでいますので、そちらから聞くのが手っ取り早いかもしれません。しかし、警察官の聞き取りも１００％ではありません。事故の当事者がいれば、その当事者の言い分を聞くのがいいでしょう。

しかし、それらはあくまで当事者の言い分でしかありません。事故を目撃した人がいれば、第三者の立場ですから、そうした人の話を聞くのも何が起きたかを追求するうえでは、きわめて重要なことになります。

さらに目撃者といっても、目撃した場所によって、話が食い違う場合が多々あります。ある人は右の車がハンドル操作を誤ったようだ、といえば、別の方向から事故を見ていた人は、いやいや左の車の方が無理に曲がろうとして事故が起きたのだ、と主張するかもしれません。

どっちが本当なのか、証言が食い違うということは珍しくありません。こうなると取材する側としては、できるだけ多くの目撃者の話を集めるしか方法がありません。重大な死亡事故ならいくらでも時間をかけて真実を追求しようとするのがサツ回りですが、わずか15行程度の記事にしかならない事故に、そんなに時間をかけるわけにもいきません。ほかの重要な事件があれば転戦しないといけないからです。

でも、いったい何が起きたのか、事実はどうなのか、という観点からすると取材は延々と続き、終わらなくなってしまうのです。

結局、どこまで取材していいのか、最後は先輩記者に電話して、状況を説明し、不足な点は再度取材して、引き揚げたわけです。

新聞記事はふつうの文章と違って、パターン化されていますから、過去の交通事故の記事を参考にして、書き上げます。たった15行程度の記事ですが、先輩記者に見てもらうと、再度固有名詞や時間などをチェックするように言われます。警察や消防に電話をいれて確認します。

先輩記者のチェックが終わると、今度はデスク（最終的に記事をチェックする立場の上司）です。同じように固有名詞、時間、住所などを再確認するように言われ、また電話を入れます。そうこうしているうちに夕方近くになってしまったわけです。

たった15行の記事に半日くらいかかったのは、そんな次第です。新聞記者は毎日、この繰り返しです。でも毎日毎日やっていると要領がよくなり、そんなに時間がかからなくなります。

記事も自分で書かずに頭の中で勝手に出来上がってしまうようになります。新聞記事はパターン化されてますから、必要な要素があれば記事は頭のなかでできあがるのです。ともかく、一番最初はそんな感じでした。

第20回　取材の深め方／5W1Hのやり方

取材の基本はなにか。取材とはそもそも何を集めるのか。人に会って何を聞くか。具体的な話はケースバイケースですが、まとめていうと、基本は5W1Hになります。

いつ、どこで、だれが、なにを、なぜ、どのように、したのか。

これが基本ですが、単純な交通事故の記事を書こうとしたら、AIでもできるでしょう。

たとえば、2109年8月7日、東京都中央区銀座一丁目の交差点で近くに住む会社員、Aさん運転の乗用車が左から来た信号無視の千葉市中央区、B運転手の中型トラックと衝突した。Aさんの車は横転、Aさんは全身を打ち、全治1か月の重傷を負った。

築地署の調べでは、B運転手がわき見をしていたため、信号が赤なのに気づかなかったらしい。

こういう警察が発表した通りの記事は、AIが作成することはもうできるのではないかと思います。

この記事をAIが書けないようなレベルにするにはどうしたらいいのか。そのためには、AIにはできない足を使って歩き回り、取材を深めるしかないのです。そのときに何を考えながら取材するかが大切になります。単に現場に行ってボーっとしているだけでは、もちろん意味がありません。

やりかたとしては、5W1Hをそれぞれ取材によって、深めるのです。

まずはWhen（いつ）。事故があったのは8月7日です。この日はもしかしたらAさんの誕生日かもしれません。あるいは息子の誕生日かも。あるいは母の命日かもしれません。そんなことが取材で分かれば、違った記事になります。

つぎにWhere（どこで）。現場の交差点は実は築地署管内では最も交通事故の多い交差点かもしれません。警察の人たちの間では、「魔の交差点」という名前でよばれているかもしれません。そんなことがあれば、また違った記事になります。

そしてWho（だれが）。Aさん、B運転手はどういう人なのか。Aさんは会社員とはいえ、実は有名なアマスポーツ選手で五輪に出場経験がある人だったらどうでしょうか。これもまったく違った記事になります。また、B運転手も実はあの有名女優の弟だったらどうでしょうか。めったにあることではないでしょうが、取材してみないとわかりません。時にそんなことがあるものなのです。

What（なにを）はどうでしょうか。とりあえず、交通事故なので車です。記事ではAさんが乗っていたのは乗用車ですが、具体的にはどこのメーカーなのか。実はビンテージもののスポーツカーかもしれません。あるいは、海外の有名サッカー選手が乗り回していた車だったりしたらどうでしょうか。これまた違った記事になります。

次はＷｈｙ（なぜ）です。おそらく、どういう取材でも一番大切なのは「なぜ」という部分になるでしょう。この記事では、なぜＢ運転手がわき見をしていたか、です。美人が歩いていたのでついわき見をしたのか。あるいは、有名タレントのイベントが道路脇であったのかもしれません。その理由次第では、まったく違った記事になるでしょう。

最後のＨｏｗ（どのように）ですが、Ｂ運転手はブレーキをかけなかったのかどうか。かけたけれども実はきかなかったらどうでしょうか。しかもそのトラックと同じトラックのブレーキが利かない事故が相次いでいたとしたら、これまた全く別の記事になってしまいます。

とまあ、こんなふうに取材を進めれば、当初、警察が発表した内容とはまったく違ったものになるのは明らかです。ＡＩに負けない記事を書くとは、こういうふうに地道に取材を重ねることだと思います。

第3章

編集と企画

第1回
クリエイティブの練習（1）

◆初心者はどんどん真似よう

どこの世界でも、何事をやるにしても、最初は真似から始めるのが常套手段です。初心者はまず「まねる」。書道の世界でも手本を見て真似ます。絵画の世界でも、名画をまねて練習します。スポーツの世界でも同じです。野球の投手なら直球の投げ方、カーブの投げ方、いずれも握りから、腕の振り方から先輩の真似をして覚えます。

私は大学を出て新聞記者からキャリアをスタートしました。最初の記事は前述のとおりでわずか15行ほどでしたが、先輩の記事をお手本にして構成などを真似して書いたものです。

編集も例外ではありません。編集はクリエイティブな仕事です。世界にひとつしかないものをつくるのですから、独創性が大事だと思うでしょうが、それは先のことです。新人のレベルや入門の段階では、まずしっかり真似ること。最初はどこの世界でも同じなのです。

会社で働くビジネスパーソンも最初は見よう見まねで仕事を始めます。いまはどこの会社でも新人研修が充実していますから、手取り足取りできちんと初歩を学ぶことができます。

真似の仕方も分かりやすく説明があるでしょう。オンザジョブでも、昔とちがってていねいに教えてくれるはずです。

ひと昔前なら、会社であろうと職人の世界と同じで、ていねいに教えることは少なかったはずです。職人の世界は「技術は先輩から盗め」という世界で、直接の教えはありません。それこそよく観察して、見よう見まねで技術を盗む、つまり真似をすることが一般的でした。いまは研修ばやりですが、新人むけの多くの研修は突き詰めれば、「真似」の勧めになっているはずです。

真似るということは、パクるということと似ていますが、異なります。特に初心者の場合は基礎を真似ることですので、パクるとはまったく意味合いが違います。パクりが問題になるのは、多くはプロ同士の関係です。いわゆる権利関係が問題になるようなケースの場合に使われるわけです。真似といえば、真似ですが、初心者が基礎を学ぶために行う真似とはそもそも次元が違うわけです。

◆ゴッホだって真似をした

また、初心者でなくとも、新たな技術を導入するために真似をすることはよくあることだと思います。

たとえば、有名なゴッホは、江戸時代の浮世絵を真似して模写を繰り返したことで知られています。ゴッホが生きたのは、１８５３年から１８９０年です。37年の生涯でしたが、日本でいえば江戸時代末期から明治時代初期になります。

浮世絵がフランスに渡るようになったのは、幕末に鎖国が崩れ出してからのようですが、「ジャポニスム」の名で知られるように、フランスを中心に欧州で一種の日本ブームが起きました。印象派の重鎮、モネも浮世絵の収集で知られています。

そんななかで、ゴッホも当時の流行に遅れず、浮世絵の影響を受け、油絵で浮世絵の模倣をしたわけです。具体的に、ゴッホの作品に浮世絵の技術がどう生かされたのか、については専門家の本を読んでほしいのですが、どこの世界でもいろいろと影響を受けつつ発展しているということです。ですから初心者の真似は大いにやってほしいと思います。

まずは自分の好きな雑誌の特集でもいいですし、書籍でもいいでしょうし、あるいはインターネットサイトの特集でもいいでしょう。ともかく、自分がいいなと思ったものを真似してみることです。

◆真似をすることで成長できる

たとえば、ある雑誌でイヌの特集があったとします。その特集の記事のそろえ方、画像（動画）の使い方、レイアウトの仕方、などに感動したとしましょう。イヌの代わりにネコの特集をしたらどうでしょうか。真似ですから、同じような発想で、イヌの部分をできるだけネコに置き換えて、特集にして一度練習で作ってしまうのです。

ネットのサイトで、ミュージシャンの特集があったとします。画像や動画の扱い、タイトルなどがカッコイイとしたら、それを真似て自分の好きなミュージシャンの特集を作ってみるのです。

そうした練習を繰り返すことによって、徐々に自分の編集力というものが身についてきます。当たり前ですが、一気にはうまくなりません。少なくとも半年単位でみていきましょう。半年たてば進歩の跡が必ずあるものです。

わたしはかつて米の週刊誌『ＴＩＭＥ（タイム）』のなかで、格好いいと思ったレイアウトの記事については、切り取って集めていました。そして、いつか編集者になったらこういう格好いいレイアウトの特集をしてみようと考えていました。

紙の世界に比べると、ネットの世界はレイアウトやデザインの面においては、未だ高水準と言えるところまできていません。スマホという小さい画面で斬新で大胆なレイアウトが難しいということもあるでしょう。

でも、将来的にはなんらかの技術革新が起きて、紙の雑誌を超えるような何かが現れるかもしれません。自分の気に入ったものを収集するということは、特に若い人には必要だと思います。

第2回 まねることの重要性

◆三冠王・落合の真似のしかた

まねることでひとつ言っておきたいことがあります。まねる、というと、どうしてもワンランク下のような、あるいはどこか後ろめたいものを感じさせることが多いようです。しかし、そんなことは無用の心配、なにも気にすることはない、ということです。

逆に、まねることほど、重要なことはないといえます。

プロ野球、中日の監督だった落合博満氏はプロになったころ、打撃の真似を一生懸命やったといいます。三冠王を3回も獲得した歴史に残る最高峰のバッターである落合氏ですが、プロ野球に入りたてのころは、いろいろな悩みもあったようです。

落合氏が最初に入ったチームはロッテ・オリオンズです。そこで自分の身長や体格に似た選手に出会います。名前は土肥健二選手。背丈は落合選手と同じくらい。同じチームですから、目の前にモデルはいます。それを毎日、見ながら真似をしたそうです。落合氏の著書『なんと言われようとオレ流さ』に詳しく書いてあります。

たとえば、

「自分がいいとおもうものを模倣し、反復練習で自分の形にしていくのが技術というものではないか。ピアニストや画家と同じ。私の記憶をたどってもプロ入り後にチームメイトや対戦相手の選手を手本にしたのは一度や二度ではない。模倣とはまさに一流選手になるための第一歩なのだ」

と記しています。

落合氏のバッティングは後に「神主打法」と呼ばれるようになります。バットをまっすぐ立てる姿が神主に似ているということで、スポーツメディアが使うようになりました。しかし、落合氏は自分のバッティングは土肥選手の真似だと言っています。

そしてこうも言うのです。

「いちばん大事なことは誰がそのやり方を発明したかではなく、誰がそのやり方で成功を勝ち取ったかだ」

まさにその通りです。独自の方法を発明しても、それが社会で役に立たなければ意味がありません。その方法でうまくいかなければ、あってもなくても同じといってもいいでしょう。そのやり方で圧倒的に成功するか否か、そこが大切なのです。

そして大事なことは野球だけでなく、いろいろなジャンルで同じようなことがいえるということです。

たとえば、漫画家の浦沢直樹さんはかつて「僕らの時代にオリジナリティーはない」と言ったことがあります。だからでしょうか、手塚治虫のモチーフをアレンジしたような作品があります。

◆オリジナリティーってなんだ?

では、その手塚治虫はどうだったのでしょうか。ゼロからオリジナルなものを作ったのでしょうか。手塚治虫の著書や発言を追ってみると、ディズニーなどの映画の手法を参考にしていることが分かります。

かつての漫画は舞台のように右袖から人物が現われ左袖に消える（その逆もあり）ようなものでしたが、映画のように人物をアップにしたり、場合によってはコマ割りの枠を手足が飛び出したりという手法を開発しました。これらなどはゼロからのオリジナリティーというよりは、やはり映画を参考にしたものということができます。

前項でゴッホのことを記しましたが、では浮世絵の代表格、葛飾北斎はどうだったのでしょうか。かってNHKテレビの特集で北斎を取りあげたことがありましたが、彼は30代くらいまでは「人のまねばかりする」と言われ評価が低かったそうです。しかし、彼は若い時に各流派のまねをして技術をとり入れ、更に西洋の遠近法なども勉強し、それが晩年になって開花したそうです。彼の代表作『富嶽三十六景』は60〜70代にかけての作品です。

手塚治虫にしても葛飾北斎にしてもオリジナリティー豊かだと言われる人たちの作品は、前の時代からのものを参考にひと味も、ふた味も変えていくことだということが分かります。

いろいろな業界の超一流の人たちがそう言っているのですから、入門レベルの人たちは大手を振っておおいに真似をすればいいのだと思います。大切なことは、真似をするにもいい加減ではなく、きちんと技術などを習得するということだと思います。

第3回 クリエイティブの練習（2）

◆先輩たちはどうやってきたのか

編集はクリエイティブなもの。世界でひとつしかないものを生み出すこと。それは分かりました。では、どうやったらクリエイティブになれるか。問題はここです。

ビジネスの世界では昔から一貫して問われてきたことです。いろんな人がいろんなことを言い、様々な本もたくさん出ています。まずは自分でいろいろ探して読んでみてください。

私が実際に著者に会ってお話も聞いたなかでは、『リクルート「創刊男」の大ヒット発想術』を書いたくらたまなぶさんのお話が非常に具体的で実践的でした。

くらたさんは、リクルートで14の雑誌を創刊したため、「創刊男」といわれたそうです。14ものメディアを作り出したわけですから、クリエイティブを絵にかいたような人です。でもお話を聞くと、特別なマジックはなく、その秘訣は地道な方法を徹底してやりまくる、というものでした。

私が覚えている要点は以下のとおりです。

▽テーマを設定したら身近な人の話を徹底して聞く。
▽たとえば、女性の転職雑誌を作るなら、対象となる女性たちの心情になりきるまで徹底して女性の話を聞く。ふだんの口調まで女性のようになるまで、たくさんの女性の話を聞く。
▽アイデアは不平不満から生まれる。
▽ブレーンストーミングを何回も繰り返す。

などです。もっと詳しく知りたければ、ぜひくらたさんの著書を読んでみてください。

◆二つのものを組み合わせる

古典的な本でいいますと、ジェームズ・W・ヤングの『アイデアのつくり方』があります。アイデアの発想とか企画発想の方法論となると、必ずといっていいほど挙げられるロングセラーです。

ヤングは米国の広告業界の人で、独創的な発想や企画を考えるにはどうしたらいいのか、ということをつき詰めて、この本を書いたそうです。１００ページほどの本ですので、読み通すだけならそんなに時間はかかりませんから読んでみましょう。

さて、ヤングは、アイデアのつくり方として、基本的には「組み合わせ」を提唱しています。そしてその作業は5段階に分かれているといいます。

第一段階は、資料収集。資料には二種類あって、一つは製品と消費者に関するもの。もうひとつは一般的資料。ヤングは次のように言います。

「広告のアイデアは、製品と消費者に関する特殊知識と、人生とこの世の種々様々な出来事についての一般的知識との新しい組み合わせから生まれてくる」

だから二種類の資料が必要だというのです。

第二段階は、これらの資料の理解。資料の内容を消化するわけです。そして第三段階が組み合わせ、第四段階がアイデアの誕生。そして最終段階がアイデアの具体化、展開、となります。

ところで、ヤングは第三段階の組み合わせで、ここまできたら問題（アイデアの発見）を放棄して、音楽を聴いたり観劇したり、感情を刺激するものに身を任せろ、と書いています。そして、突然アイデアが降ってくるようなことを書いているのですが、これだと誰の身にも起きるかどうかわからないな、というのが正直な感想なのです。

◆もっと簡単にできる方法とは

確かに新しいアイデアを産むのは、二つのものごとをくっつけることだと思うのですが、そのやり方について、編集者の入門レベルでは、次のような方法をとったらどうかと私は考えるのです。

名づけて「エクセル発想法」といいます。

あなたが、たとえば編集者やライターだったとします。ある編集部にいたとします。ある時に編集長やデスクから、「このテーマでなんか書けない?」と聞かれたとします。

あるいは「2、3ページでいいんだけど、なんか埋められない?」と言われたとします。そうしたときに役立つ方法です。

では、エクセルを用意しましょう。編集長から頼まれたテーマが「おせち料理」だとします。エクセルの「列」に「おせち料理」と書き込みます。さらに代表的なおせちの料理を書き込みます。黒豆、なると巻き、かずのこ、雑煮、伊達巻きタマゴ…。

次に「行」の方に、おせち料理とはまったく関係ないものを書き出します。思い浮かばなければ、好きなサイトを開いて、そこにあるものを書き込みます。たとえば、嵐のファンであるならファンサイトを開いて、とりあえず5人の名前を書き込みます。これで準備は終わりです。

では、企画発想作業に入ります。

やり方ですが、たとえば二宮クンの列を声を出して読んでいきます。

「二宮クンの黒豆」「二宮クンのなると巻き」「二宮クンのかずのこ」…。

どうでしょうか。あなたの頭の中には、いろいろな映像が勝手に浮かんできませんか?

もし、あなたが二宮クンのファンで二宮クンが仮の話ですが、実はかずのこに目がないということを知っていたとしたら、「二宮クンとかずのこ」というテーマで記事が一本書けることに気がつくはずです。

ヤングの方法は本格的な広告企画を出すためのものです。プロ中のプロ向けといっていいでしょう。初心者には難しいでしょう。しかし、エクセル発想法なら初心者でもできるはずです。初心者には、毎日、このやり方でいろいろなアイデアを作ってもらいたいと思います。少なくとも一日一個は作ってほしいと思うのです。

こうしたアイデアをたくさん持っていればいるほど、あなたはどこにいっても重宝な人間として扱われます。たとえば、ネットメディアにいても、どこかの雑誌編集部にいても、あるいは編集とは全く関係ないどこかの企業の開発担当者、ないし企画担当者であっても、この方法は必ず役にたつはずです。

肝心なことは、素晴らしいアイデアを思いついたら、親しい友人であろうとだれであろうと他人には言ってはいけません。だまってメモをして、他の人には言わないこと。得意げにしゃべったら、せっかくのアイデアが盗まれてしまうからです。大事な企業秘密として取っておいて、いざというときに披露するのです。そうすれば、あなたはアイデアの達人としてどこでも尊敬されるに違いありません。

第4回 クリエイティブの練習(3)

◆喜劇王・チャップリンはなぜ有名になれたか

前項では、二つをくっつけてアイデアを誕生させる。クリエイティブなものを生み出す、という方法について述べました。

二つをくっつけるというと、なにか合体させなければならないとか、衝突させなければならないとか、そんなイメージでとらえがちになると思いますが、片方になにかを付け加えるというやり方でも同じことになります。コバンザメのように、なにかにくっつける、と考えても同じことなのです。

たとえば、喜劇王のチャップリンの例をあげます。この話は数年前に新聞の夕刊でたまたま読んだ記事に書いてあったことですが、二つのものをくっつけるという方法論にぴったりだなと読みながら思ったものでした。

チャップリンの時代には、ああしたドタバタ劇で汚い格好をしたコメディアンがたくさんいたのだそうです。そうしたなかでチャップリンがなぜ有名になれたのか、その理由がその記事に書いてあったのです。

山高帽、ツギハギだらけのモーニング、よれよれのネクタイ、こうした格好が当時のコメディアンの一般的な姿とは知りませんでした。そんななかでチャップリンが初めてやったのが、ステッキを持ったことでした。このステッキで一気に人気を博すようになったというのです。たとえば、イヌの特集をするということでしたら、イヌにいろんなものをくっつけてみましょう。これまでにない新しい企画が出てくるはずです。

◆ふたつのものは関係が遠いほどいい

さて、ふたつのものをくっつける際に、よりいいもの、より新しいものを創り出すにはひとつコツがあります。以下はその例です。

つぎのような不思議な昆虫がいるそうです。100度に熱しても死ぬことはなく、絶対温度マイナス365度に冷やしても生きている。この不思議な、というか、強靭な昆虫はなぜこういう過酷な環境下でも生きているのか。その謎を解いた会社がありました。

この昆虫を研究した結果、ある物質が虫を守っていたことが分かったのでした。それはトレハロースという物質でした。今は保存剤として、多くの商品に使われている、あのトレハロースです。そしてこの研究をおこなったのが、林原という会社でした。

林原は岡山県にあります。昔から独創的な研究と商品開発を行う会社として有名でした。また、大都市でなく地方でユニークな研究をするということでも知られていました。残念ながら2012年に本業ではない不動産投資などが原因で倒産し、その後、商社の長瀬産業の傘下に入りました。

経営者は代わりましたが、ユニークな会社の方針は変わっていないようです。ユニークな商品開発ということは言葉を替えればクリエイティブということに他なりません。どうしたらクリエイティブになれるのか、ということが記録に残っています。

ノンフィクション作家の野村進さんが書かれた『千年、働いてきました』という本に林原の当時の社長のインタビューが載っています。そこにクリエイティブの秘密が語られているのです。

一言でいうと、二つのものをくっつける、ということはこれまで記したことと変わらないのですが、その二つの間の距離が遠ければ遠いほどいいというのです。つまり関係が薄ければ薄いほど、その二つの組み合わせから生まれる新しい製品はインパクトがある、ということなのです。ふたつの組み合わせを考えるときに、ぜひ全く関係のないものを意識的にくっつける作業をやってみてください。

第5回
クリエイティブの練習（4）

◆どうしたら視点を変えられるのか

一つのものでも、いろんな違った顔を見せてくれます。クリエイティブとは、これまでなかった見方を提示することでもあると思います。

第一章で茶筒の話をしましたが、ここのテーマにもぴったりなので繰り返して記します。茶筒は円柱ですから、真上から見たら円に見えます。真横から見ると、長方形です。真横から少し視点をずらすと、長方形の両側が円くなった形に見えます。

こうして茶筒は見る視点によって、さまざまなカオを見せることになります。これは単なるイメージの事例にすぎませんが、視点を変えると世界が違ってみえるということは他にたくさんあります。

コペルニクス的転回という言葉があります。これは哲学者カントが使った言葉ですが、そのもとになっているコペルニクスは地動説を唱えたことで知られています。コペルニクス以前は、天動説が言われていたわけです。まあ、最新の天文学では宇宙は無限に膨張し、銀河は互いにすさまじい速さで離れつつあるということですので、天も地も動いているということになりますが。

いずれにしろ、180度違った視点がそれまでの常識を覆してしまうことになるわけです。こうした新しい学説は時折出現しますが、こういう新説と言うのはクリエイティブでもあります。ただし、真実でないと意味がありませんが。

黒澤明監督の映画『羅生門』は、真実を知ることが如何に難しいかを教えてくれる作品ですが、これも視点によってもの事が全く違って見えるという点において、クリエイティブに役立つ作品ともいえます。

未だ見ていないという人のために、簡単にいうと、盗賊と侍、その妻、この三人の言い分がまったく違っていて、現場で起きた殺人事件の真相がなかなか分からない、という物語です。

視点を変える練習という点において、AさんとBさんが対立している場合、双方の立場から、それぞれ見るということが必要です。

なにかを取材、編集する時、真実はなにかを探る場合が往々にしてありますが、視点によってまったくことの真相が違って見えてしまうことは覚えておいていいかもしれません。

◆駅前にできたパン屋を例にとると

まあ、ここは入門編ですから、もっと身近な例で考えてみましょう。

駅前に新しくパン屋が開店したとします。新しもの好きの知り合いが早速、買って食べてみたところ、食パンは柔らかくてミミまで柔らかいので3枚も一気に食べてしまったと興奮気味に話しています。

その知り合いはタウン誌の記者にそのことを話したそうです。タウン誌のサイトを見ると、パン屋のことが載っていました。柔らかい、おいしい、安い。三拍子そろっていると書いてあります。

さて、このパン屋のことを別の視点で見るとどうなるのでしょうか。まずは逆の立場に立ってみてみましょう。一つは柔らかい、という点です。最近のパンはどれも柔らかくて物足りない、というふうに言っている人がいるなら、意見を聞いてみるのも手です。そんな友人がいるなら早速、連絡して聞いてみましょう。

おそらく食べ応えがものたりない、小麦の香りがたりない、酵母の香りがしない、少し高くてもいいのに、などと言うかもしれません。開店したばかりの店の悪口は書きにくいでしょうから、あなたは「最近のパン事情」などと題して、一般化した記事なら書くことができるかもしれません。

小麦の香りがたりない、という点に目をつけたら、ほかのたとえばライ麦などのパンは最近増えているのか、減っているのか、人気なのかどうなのかなどと調べを広げていけば、また別の視点の記事になるでしょう。こうして視点を次々に移すことによって、他の人が書いた記事とはひと味違った記事を書くことができるわけです。

いつでも一つの視点で終わらないで必ず、別の視点で見ることをクセにしてしまう。ここが大事です。別の視点が出てこない、などと言っていないで、とりあえず何もでてこないときは、まず反対の視点、逆の立場に立った視点で見るようにすればなにかが発見できます。

第6回 クリエイティブの練習(5)

◆漫画からも学びましょう

クリエイティブになるために、映画やアニメ、漫画を見ることも大切です。これらの物語は「起承転結」「序破急」といった言葉で表されるように、物語の展開の仕方があります。ストーリーをどう展開して、決着をつけるかは、作品の魅力そのものとなります。それまで見たこともないような作品に仕上げるには、どこか一か所でいいわけですから、これまでなかったような展開が必要です。それをどうやって行うか、勉強するのです。あとは繰り返しますが、とりあえずは真似することです。

漫画家、石ノ森章太郎に『マンガ家入門』という名著があります。ここに四コマまんがの説明が載っています。

いわく、四コマまんがは「起承転結」。起は事件が起きること。承はその事件を受けること。転は事件をひっくりかえすこと。結は意外なオチで結ぶこと。起承転結、四コマ漫画は漫画の基本である。長編漫画は、起承転結→起承転結→起承転結→起承…の連続である。

つまり起承転結は物語の基本。この基本を身につければ、起承転結のパターンを応用することによって新しい持ち味のある作品も描けるということです。しかし、あくまでも基本は起承転結、なのです。

もう一つの「序破急」というのは、起承転結の最初の「起承」をひとつにして全体として三つにしたものと考えればいいかと思います。

さて、起承転結の技術を身につけるにはどうしたらいいでしょうか。

絵を描ける人は、四コマ漫画を描いてみることです。

絵が苦手でどうしてもだめという人は、簡単なテレビドラマの脚本でも書いてみましょう。難しくはありません。中学生のころに卒業の「謝恩会」で寸劇をしたことはありませんか。そうしたときに誰かが脚本めいたものを書いたはずです。

私も自分で書いた記憶があります。日ごろの授業を題材にした内容です。よく酒の臭いをさせて授業をする先生がいて、その先生を主人公に授業風景の脚本を書いたのです。その先生に怒られるのを覚悟で仲間と上演したところ、おおいにウケたのですが、その先生に目をやると、主人公が自分だということに気づいたらしく、見るからに恥ずかし気な顔をして恐縮していました。その様子をみたら、なんだか悪いことをしてしまったなあ、と子供心に感じたのを覚えています。

話しがそれましたが、ともかくごく簡単な劇やドラマのストーリーでいいのです。職場の上司のパワハラでもいいのです。居酒屋で見かけた酔っ払いのオヤジの様子でもいいのです。ともかく「起承転結」を念頭において書いてみるのです。日記代わりでいいのです。毎日続けて書いていけば、もしかしたら脚本家として実はすごい才能があることに気づくかもしれません。

◆素敵なストーリーテラーになる練習

さて、起承転結、序破急に慣れてきたら、次のようなことにチャレンジしてみてください。こうすることで、話の展開に幅が出るようになります。

たとえば誰でも知っているウサギとカメの話を使って、次のような試みをやってみましょう。

昔話のウサギとカメは以下の構成です。

①ウサギはカメを大きく引き離して山の中腹の道を駆け上がります。
②ウサギは道脇にタンポポの花が一面に咲いていたのでその上に寝そべって寝ました。
③カメは寝ているウサギを横目に追い抜いて行きます。
④カメはゴールの山頂に着いてVサイン。

これを次のように順序を入れ替えると、どんなストーリーになるでしょうか。

たとえば、④①②③。

カメとウサギとどっちが速いか。実はカメなのです。なぜなら競争で勝利しました。どうして足の遅いカメが勝ったのか。スタート当初はウサギがリードしました。しかしうさぎは途中で油断して寝てしまったのです。カメは寝ているウサギを追い抜き、そのままゴールしたのでした。

次に多少、話も変えてみましょう。④②③①の順です。

マラソン競争に勝利したカメに、うさぎは再挑戦します。スタート直後、うさぎはスタミナを蓄えるために寝ました。カメはまたもやウサギを追い越していきますが、目が覚めたうさぎは二度と同じ失敗はすまいと猛烈なスピードでカメを追い抜いた、とさ。

では、もうひとつ。②①③④です。

ある春の一日、ウサギは野原で昼寝をしてしまいました。すると、夢でカメと競争して大差をつけました。目が覚めたウサギは、でも競争の最後まで見なかったので気がかりになりました。そこでカメに競争を申込んだところ、途中で寝てしまい、カメに負けてしまいました、とさ。

こうして話しの展開の仕方がうまくなる、ということは、記事を書いても読みごたえのある記事を書けるようになることですし、編集者としてはドラマチックな展開ができる編集者になることにつながるのです。

さらにいえば、構成力がつくと普通の会社に勤めていてもプレゼン能力があがりますし、プロデュース力もつき、会議のまとめ役もこなすことができるようになりますからいいことづくめなのです。ぜひ、練習をしましょう。

第7回 クリエイティブの練習（6）

◆センスをどうやって磨くか

女優の樹木希林さんが亡くなったときに、葬儀で娘の内田也哉子さんが挨拶をしました。そのなかで、なぜ自分の家庭が母と娘のふたりだけなのか。不在の父（内田裕也氏）との関係をなぜ続けるのか、母の希林さんに尋ねたというエピソードを語っていました。いつもその答えは「だってお父さんには、ひとかけらの純なものがあるから」だったそうです。也哉子さんは、自分にとってはミステリーな答えだと思ったそうです。

この純なものというのは具体的にはなにか分からないのですが、おそらく世間のなにものにも汚されていないピュアな心みたいなことだったのではないかと思います。

内田裕也さんといえば、破天荒なエピソードが枚挙にいとまがないほどの生き方をしてきたわけです。しかし、樹木希林さんにいわせると、「ひとかけらの純なものがある」と感じていたわけです。男女の愛情のことなので、なんともいえない部分はありますが、すくなくとも彼女にはピュアと感じとれるセンスがあったということになります。

センスとはなにか。ピュアなものをピュアと感じ取れる、そういう能力だと思います。美しいものを美しい、と感じる能力と言い換えていいかもしれません。

ですから樹木希林さんは非常にセンスのいい女優さんだったと多くの人が感じているのではないかと思います。

◆音楽を聴くということの意味

ギャグ漫画家の赤塚不二夫さんが生前、よく語っていたことがあります。それは「トキワ荘」時代のことです。「手塚治虫先生がよく我々若い連中に言っていたのは美しいクラシック音楽を聴きなさい。そうしないといい漫画は描けない」と。

この意味はどういうことなのかと、若いころからずーと思っていたのですが、やはりセンスの問題なのではないかと思います。

むかし、NHKが赤塚不二夫さんの特集をテレビで流したことがあります。たしかその番組の一番最後だったと思うのですが、赤塚さんがステレオに向かってクラシック音楽を聴いている姿を後ろから映しているシーンがありました。自分の師匠に言われたことを守っているな、と画面を見ながら思ったものでした。

手塚治虫がなぜ、クラシック音楽がいいと言ったのかはわかりません。推測すると、クラシック音楽は元をたどると教会音楽です。専門書を読むと、修道院で歌われたグレゴリオ聖歌にさかのぼるといわれています。

つまりクラシック音楽はそもそもが祈りなのです。神をほめたたえる、あるいはあがめるピュアな思いが曲となってできあがったものと考えることができます。そこには冒頭の話のような人間のピュアなものが含まれているからなのではないでしょうか。そうしたものに触れ、それに感動したりすることでセンスが磨かれるのだと思います。

こうしたピュアなものがセンスを磨くのにどうして役立つのか。おそらくピュアなものは誰の心にもあるものだと思います。意識するかしないかは別です。だから人間はピュアなものを見たり、触れたりすると心が動くのだと思います。心が動く、つまりは感動する、ということは、その心を動かした何かをある人がしたとなると、その人はセンスがいい、ということになるのではないかと思うのです。

まあ、そうした理屈よりも多くの人が経験的にそういうことを感じているはずだと思いますし、またそういう発言も多く聞きます。

美しいものに触れる、ピュアなものに触れる、こうしたことでもうひとつ、大切なのは自然に触れることではないかと思います。

◆自然にふれて感じることも大切

ロシアの作曲家にラフマニノフという人がいます。この人は手がやたら大きかったことで知られています。彼の書いたピアノ曲を弾こうとすると、手の小さいピアニストでは弾けないことで有名です。

そのラフマニノフは１９１７年にロシア革命をきっかけにロシアを逃れ、人生の後半をアメリカで過ごすようになります。しかし、ロシアのころに書いたような曲はアメリカに渡ると書けなくなり、おもにピアノ演奏家としての仕事が増えました。

なぜ、ラフマニノフは作曲をほとんどしなくなったのでしょうか。その理由をラフマニノフ自身は、ロシアの大地から離れてしまったせいだ、と語っています。作曲をしなくなったのではなく、できなくなってしまったということのようなのです。

やはり人間というのは、慣れ親しんだ自然というものの中でセンスを培っていくのではないかと思います。もちろん、洗練されたセンスをさして都会的なセンスという言い方をすることがありますが、その根底にあるのは自然の音や色合いや五感を通して脳に入るさまざまな情報が根底にあるのだと思います。

世間にセンスのいいひとと、悪い人、というのは確かにいます。あなたの周りの人を何人か思い浮かべてみてください。服装のセンスのいいひと、身のこなしのセンスのいいひと、笑いをとれるセンスのいいひと、必ずそういう人がいると思います。逆にセンスの悪い人もいるはずです。こちらの方が圧倒的に多いはずですが。

センスの良さは編集の良さにつながります。また、ライターなら記事のうまさにつながります。自分でセンスが悪いと思ったら、よくなるように努力をするしかありません。

赤塚不二夫さんが手塚治虫に言われたように美しい音楽を聴くのもいいでしょう。音楽が嫌いなら絵画や写真、映画でもいいでしょう。きれいなものをきれいと感じる。美しいものを美しいと感じとる。単純にそういう力を身につけましょう。

そしていい気持ちになったときのことをよく覚えておくことです。自分の作品を作るときにどうやったら「いい気持ち」になれるか、その点が実は編集者にとっては大事なのです。たとえば、沖縄の真っ青な海をこの世のものとは思えないほど美しいと感じたとしたら、自分の作品を作るときにそうしたイメージの雰囲気を持ち込めばいいのです。単純に沖縄の海の画像を使う場合もあるでしょう。でも、多くはそうした直接的なものではなくて、そんなイメージにつながる言葉とか、構成とかになるのだと思いますが。

第4章

編集の発展

第1回
「雑誌脳」をつくれ

さて、ここからは入門編からのステップアップです。いきなりレベルが高くなってしまうところもあるかと思いますが、編集は奥の深い世界だということを知ってください。目標が高ければ高いほど、世界が深ければ深いほど、やりがいというものも大きくなります。

◆なぜ雑誌を学ぶのがいいのか

編集の仕事は、書籍から雑誌、ネットまで幅広くあります。一方で、取材記者でも新聞から雑誌、ネットまで、こちらも幅広く存在しているわけです。

しかし、わたしは自分の経験から雑誌記者、雑誌編集者というのがいちばん、応用が利くような気がしていますので、こちらになることをお勧めします。でも雑誌編集者でなければいけないということはありません。チャンスがあるのであれば、雑誌を経験することをお勧めしたいのです。

雑誌というのは、基本的にあらゆるジャンルを自分で取材、執筆することが必要です。新聞は記者の担当する分野が決まっています。書籍はライターないし、作家さんに書いてもらうのが仕事ですから、その辺りは異なります。もっとも最近の書籍編集者にも取材・執筆の経験、センスが必要だとの声はよく聞きますが。

次に雑誌編集者にはスピード感が必要です。同時に現代という時代に見あった鋭いセンスというものも問われてきます。しかも限られた時間の中で、考えをまとめたり、素材をひとつのかたちにしたりしなければいけませんし、集中力も大切になってきます。

書籍の編集者よりも雑誌の編集者が偉いというわけではなくて、雑誌を経験すれば、他の仕事はこなせるであろうという考えなのです。

しかし今、紙の雑誌はどこでも経営が苦しくなっています。ライターや編集者をめざす誰もが経験できるわけではありません。あくまでチャンスがあれば、ということで、もし機会があるのならばぜひ雑誌を経験された方がいいと思うのです。

なぜ雑誌を経験したほうがいいのか。それは「雑誌脳」をつくりあげるチャンスがあるからです。それはあらゆる素材、たとえば、世界政治からJポップまであらゆることに情報のアンテナをめぐらせ、かついろいろな切り口を自分で考え出してコンテンツをつくりあげる頭脳のことです。これはそう簡単なことではありませんが、誰もが努力すれば、一定水準までなら到達できると思います。

そのことをこれから書いてみます。

まず、わたしの経験から記します。新聞と雑誌の両方を経験したことがありますので、どこがどうちがうのか。なにが求められて何が求められていないのか。そのあたりがだいぶ違いますので、比較しながら書いていきます。

◆雑誌に慣れる人、慣れない人

新聞社が出す雑誌と出版社が出す雑誌はだいぶ違います。日本で一番古い週刊誌は『週刊朝日』ですが、出版社系の週刊誌がなかった昭和20年代にはすでに100万部も売れていました。しかし、昭和30年代に入り、『週刊新潮』をはじめとする出版社系の週刊誌が次々と創刊されると徐々に新聞社系の週刊誌は部数を落としていきました。

『週刊新潮』が2005年に創刊50年を迎え、その記念号を出したことがあります。それを読むと、当時、出版社が週刊誌を出すことなどは不可能と思われていた、とあります。意外なことです。いまや週刊誌といえば出版社系が中心ですが、当時はまったく違ったということです。

その理由は、出版社がニュースを扱っていなかった点にあります。週刊誌は文字通り週に一度、新しい号が発売されるわけです。新聞社はニュースが本業ですからニュースを載せるのはお手のものです。しかし、週刊誌は週に一度の発売ですからニュースを載せないとなると他に載せるコンテンツがありません。ましてや、ひまネタや読み物だけでは迫力がない。迫力がないと毎週毎週買ってもらえない。この壁をいかに乗り越えていったかが、『週刊新潮』の創刊50年記念号に書かれています。

結局、出版社系は新聞が書けないことをウリにすることで成功したのです。人権、プライバシーといった新聞が神経を使って書くのを避けたり、触れなかったりした部分を暴露することで勝負に出たのです。

「カネ、オンナ、権力」といった世のホンネ、俗物的感情に訴えるかたちでセンセーショナルな誌面を作り、地歩を固めました。最初は新聞社系に近い作りをしていた『週刊文春』も後を追うようになっていったのです。かたや新聞社系は『週刊朝日』だけでなく『サンデー毎日』、『週刊読売』、『週刊産経』とありましたが、このうちいま残っているのは『週刊朝日』と『サンデー毎日』だけです。

◆新聞記者に雑誌ができない理由

さて、新聞社と出版社との違いを述べたのは、それらを作る新聞記者と雑誌記者とはまったく違うということがあるからなのです。ひと言で言ってしまうと、新聞記者は取材は比較的正確ですが面白みに欠けます。雑誌記者はまず面白くなければダメです。もちろん正確でないといけませんが、なにより面白さに価値を置き、いくら取材が正確でも面白くなければ原稿はボツになります。

新聞社系の雑誌編集部にいる記者の多くは新聞育ちが多いものです。私自身もそうなので、その違いがよく分かります。もちろん新聞社でも最初から雑誌に配属され雑誌一筋という記者もいますが例外的な存在です。

教育の仕方をみれば一目瞭然です。第二章で書いたように、新聞記者になって最初はサツ回りをさせられます。サツとは警察のことです。警察を担当するので業界用語でそう呼ばれます。多くの新人記者が最初に書く記事は交通事故です。たとえば救急車のサイレンが聞こえます。すると必ず消防署に電話して何の出動なのかを教えてもらいます。ケガ人が出たような事故だとすると、新人の記者は必ず現場に行け、となります。車で現場に駆けつけます。写真を撮ります。消防署員や警官の話を聞きます。当事者がいたら当事者の話も聞きます。周辺にいる目撃者の話も聞きます。

原稿は5W1H（いつ、どこで、だれが、なにを、なぜ、どのようにした）に従って書きますが、たいていは過去の交通事故のスクラップを見ながら真似て書きます。やっと出来上がった原稿をキャップに見せます。キャップのチェックを通過すると今度はデスクに原稿が回ります。デスクはデスクでその事故の予備知識はゼロですから、一から同じことを聞かれます。

もうお分かりかと思いますが、新聞記者というのは徹底してデータの正確さを叩き込まれるのです。面白いとか面白くないとか、そんな余裕はありません。ともかく、一字一句間違いがないかどうか、そこが最優先なのです。

しかし、ライターとしての基礎体力をつけるにはこうした鍛錬が一番適しているかもしれません。原稿の面白さというのは次の段階で学ぶことができるからです。まず取材を徹底させて正確なデータをいかに得るかが何よりも優先されます。次に原稿のパターンを覚えることです。新聞原稿というのは型なのです。

聞いたことがあるかもしれませんが、新聞業界には「勧進帳」という言葉があります。たとえば、殺人事件の現場に行ったとします。取材し終わったら締め切り時間ぎりぎりです。原稿を書いているヒマがありません。このときどうするか。原稿を書かないで原稿を送るのです。つまり現場にいる記者は電話口であたかも原稿を読むが如く記事を吹き込むのです。このとき、記事は頭の中にしかありません。電話の向こうでは、電話を受けている別の記者が原稿用紙に書き込むか、今ではパソコンに打ち込むのです。これが「勧進帳」といわれる作業です。

ちなみに『勧進帳』とは歌舞伎の演目のひとつです。源義経と弁慶の一行は源頼朝に追われ東北に逃げます。途中、関所で「義経ではないか」と疑われますが、弁慶が「全国を回ってお寺を造るため寄付（勧進）を募ってます」とウソをつきます。「では、勧進帳をみせろ」と言われた弁慶は、何も書いてない巻物を取り出してスラスラと読み上げたのです。この弁慶と似た行為をするということからきているわけです。

◆新聞は「型」、面白さの追求は二の次

なぜ原稿がないのに原稿を吹き込むことができるのか。ふつうの人が聞いたら天才的な作業と思われるかもしれません。でも、それは新聞原稿がパターン化しているからできることなのです。

「〇×日午後〇×時何分ごろ、東京都…の国道一号線の交差点で…云々」。このパターンが頭のなかに入っていれば、データをそれぞれのケースに応じて置き換えればいいだけなのです。なにも特殊な才能、技術ではなく、新聞記者を数年やっていれば誰でもできるようになるのです。

ともかく新聞では原稿が面白いというより、あいつの原稿はデータがしっかりしている、というのが一番の評価なのです。原稿が面白くとも訂正ばっかり出している記者は信頼が得られません。

新聞記者は律儀なのです。そして型なのです。柔道や弓道、野球に似ているかもしれません。どこからボールが飛んでくるかも分からないサッカーとは違います。

そう、雑誌はサッカー型なのでしょう。新聞とは正反対のところがあります。何よりも記事の定型や正確さよりも、発想や目のつけどころが面白くないと企画として採用されません。雑誌は買って読んでもらわないといけないからです。新聞も買って読んでもらうわけですが、定期購読がほとんどですから、いちいち買っているという感覚が薄れます。それに読者も面白さを求めてと言うより、事実の正確性、記録性を重視する傾向があります。

新聞社にいると新聞から雑誌に異動になる記者がいます。この場合、雑誌で通用する人と最後まで雑誌になじめずに新聞に戻っていく人と、だいたい二つのパターンに色分けされます。

雑誌になじめない、つまり雑誌記者としては失格の記者が必ず出てくるのです。それは、面白いということに全く反応できない人たちなのです。記事の正確さばかりが頭のなかにあり、面白さのことを考えてない、というよりも、なかには面白さをバカにしている場合もあるのです。

そういう記者の言い分としては、このテーマは重要だから書くのであって、面白いから書くのではない。自分は社会的に重要な問題を書くために記者になったのであり、面白い記事を書くために記者になったのではない、となるのです。

こういう人はできるだけ早く新聞に戻ってもらうようにするしかありません。石頭の人を説得するほどムダなことはないからです。

さて、あるフリーライターがいました。雑誌になじめない新聞記者とまるで１８０度違って、とにかくいつも話が面白いのです。見方がユニークで、私が雑誌のデスクをしていたときに原稿を採用しました。

しかし、この人の欠点は固有名詞をよく間違えるのです。あるときなど、私が代わって取材先に電話をして名前などを確認したほどです。ライターになった駆け出しのころに、データをきちんと確認する基本的な作業を行っていないので、その作業が身についていないのです。

これはこれでまた困ったものなのですが、正確さという点については、訓練でなんとかなるものです。しかし、面白さを追求するとなると、必ずしも訓練でなんとかなるというものでもないところがあります。従って、「面白さ」ということに関心のない人は少なくとも編集の仕事は目指さないほうがいい、ということになるかもしれません。

第2回
雑誌は雑誌に学べ

日本一古い週刊誌は『週刊朝日』だといいました。『週刊朝日』は1922年創刊ですから、100年近い歴史を持っています。米国の『TIME（タイム）』は創刊1923年、その10年後に『Newsweek（ニューズウィーク）』が創刊されています。

ともかく日本での週刊誌の歴史は、100年近くはあるわけです。とすると、週刊誌づくりのノウハウなんてもうすっかり出尽くしていると考えてもおかしくありません。人間が特定のツールについて考えうることは無限ではないでしょう。

確かにラジオ、テレビ、インターネットとメディアのツールはどんどん変わり、これからもいろいろな新しいツールは出てくるでしょうが、編集のノウハウはそれほど無限に増えるわけではないのです。

雑誌作りの編集ノウハウはもう過去の先輩たちが相当の部分、試しているのは間違いないと思います。われわれが今からできることは、そのノウハウの組み合わせやちょっとしたアレンジを施すことくらいではないかと思うのです。ですから、ノウハウは過去に学ぶのがいちばん手っ取り早いのです。

◆扇谷正造の『週刊朝日』

いまの週刊誌の原型をつくったといわれているのが、『週刊朝日』を１００万部雑誌に育てた扇谷正造です。私自身も同じ会社の、といっても面識もまったくない、いわば歴史のなかに存在する大先輩ですので、いろいろと調べました。さまざまな著作や講演録が残っており、その考え方を把握するのは難しいことではありません。

扇谷編集長時代というのは昭和20年代の後半から30年代はじめです。7年ほど務めたといいます。いまの編集長はせいぜい2～5年くらいですから、異例に長い在任期間だったといえます。

まず、さきほどの原型ということですが、いわゆるザラ紙系（使っている紙の手触りがザラザラしているため）の週刊誌の作り方はおおむね扇谷時代の『週刊朝日』に表れているということです。最新のニュースのほかに、インタビューや小説やコラムなどの固定欄をもうけたこと。ハウツー記事も適度に入れ、ニュースの部分もニュースストーリーでつくる、といった具合です。現在の『週刊文春』、『週刊新潮』も、基本的にはこのつくりを踏襲しています。

さて、どの雑誌でもそうですが、当時、読者層をどう考えたのか。扇谷はよく「旧制女学校二年修了の読解力、プラス、人生経験十年」と話したり、書いたりしています。旧制女学校といわれても今のわれわれにはよく分かりません。別の説明ではこうなっています。

当時の国民の学力水準をピラミッドで表すとします。頂点は大学生。当時はまだ大学進学率は小さいですから、ピラミッドの上から四分の一程度。逆に学力的に底辺の層。これを六歳から小学三年生程度とみていて、この根拠は分かりませんが、ピラミッドの下の五分の一程度としています。そして残ったピラミッドのまん中の層。これが「平均的読者層」で、この層の中の誰かを「平均的な読者像」として設定しています。

扇谷は「平均的な読者像」とは、読者の最大公約数であり、かつその読者像は漠然としたものではなく、3人くらいの具体的な人物を頭におき、その人を目標において雑誌を作るほかない、といっています。

3人くらいの具体的な読者を念頭におく、というのは、徳川夢声からヒントを得たといいます。徳川夢声とは、講談師であり俳優であり、作家でもあり、「話術の大家」といわれていた人物でした。『週刊朝日』で対談の連載をしていたので扇谷と親しかったのでしょう。その徳川がいうには、聴衆が何百人、何千人集まろうと、実際は3人のよい聴衆に向かってしか話をしていない、というのです。これ自体は、人前で話をするときのコツとしてよく聞くことです。

徳川が言っているのはこれだけではなく、選んだ三人はできれば女性がいいというのです。ここが肝心なのだと思います。その理由はこうです。

①女性は男性よりも忍耐心が強い

②友情に厚い
③礼儀正しい
④つまらない話でもじっと聞いてくれる

そして、若い女性より、四十歳~五十歳くらいがいいともいっています。

扇谷が女性を念頭においたというもうひとつの理由としては、家計を握っているからとの考えもあります。つまり『週刊朝日』は『朝日新聞』の販売店経由で売られてもいます。代金は販売店の担当者が集めます。払うのは主婦です。主婦が払いやすい週刊誌でないといけないというのです。いまは共働きが多くなっていますから、このあたりの事情は変わっているでしょう。が、当時としてはそうだったということで、誰がおカネを払うのか、この視点は今でも大切でしょう。

ちなみに、この原稿は、ある人を念頭において書いています。編集会議のライター・編集講座の生徒3人くらいを目の前にいると想定して書いています。

閑話休題。次に扇谷の方針は、読みやすさです。新聞とは違った週刊誌独特の親しみやすさ。その具体的な方法が、有名な「シュガーコート法」です。シュガーコートとは糖衣のことです。苦い薬をそのまま飲むのは誰でもいやなものです。そこで糖衣でくるめば楽に飲める。これを編集に置き換えるとどういう意味になるのか。つまり苦い薬は政治・経済などの、いわゆる堅い話。そのままでは多くの人は読みません。特に女性読者は避けてしまう。そこでシュガーコートでくるもうというわけです。

では具体的にはどうしたのでしょうか。たとえば、地方にいるU子という女性を登場させる。兄は東京で新聞記者をしている。その兄妹の手紙のやりとりで政治を語るというものです。妹が質問をし、兄が答える。ただし、答えは自民党がどうのとか、共産党がどうのとかいっても普通の政治記事となんら変わらない。そこで東京の流行とかファッションの話をおりまぜて語るという記事です。まあ、いまにしてみればよく使う手です。扇谷によりますと、当時、この手法は「リーダーズダイジェスト」が日本に導入したのだといいます。

もうひとつ、読みやすさの手法として、記事を人臭くしたということです。できるだけ具体的な名前を出して記事をつくる。まず当の本人が買う。知り合いが買う。無関係な読者も、具体的な名前が出ているほうが読みやすい。そんなところでしょうか。

ほかにも、こまかいことをたくさん言っていますが、扇谷本人はこれらのアイデアは自分のオリジナルでなく、おもに新聞社の先輩・同僚のノウハウを生かしたものだと言っています。週刊誌の原型をつくったとされる扇谷にして、そのノウハウはすでにあるものを使ったといっているのです。

◆新潮社の斎藤十一

さて、『週刊朝日』が新聞社系の代表的な週刊誌とすれば、出版社系の最初の週刊誌である『週刊新潮』にもふれないわけにはいきません。

若い人は斎藤十一という名前を知らないかもしれません。もう故人ですが、伝説的な編集者です。『週刊新潮』の編集長を務めたわけではなく『小説新潮』の編集長でしたが、なぜか『週刊新潮』のカゲの編集長といわれていました。一部の玄人筋には編集者として非常に人気があり、かつマスメディアにほとんど登場したことがないことから謎の存在、カリスマ的な存在とみられていました。

彼がどういう考え方の編集者であったかを知っておくことは、決して損ではありません。『バカの壁』や『国家の品格』などのベストセラーを打ち出している新潮新書を育てた井上昴常務（2006年当時）が、かつて『朝日新聞』の紙面で斎藤十一のことにふれています。そのなかで斎藤の教えの中心になるのでしょうが、こんなことをいっています。「編集者は読者のことを考える必要はない。編集の要点は、自分が何を読みたいか、自分がなにを知りたいか。これだけを考えていればいい」

これは恐ろしいほどの自信です。おそらく今のプロの編集者にこの考え方について意見を求めたら100％支持する人は少ないのではないかと思います。私も個人的には雑誌を売るという観点からみて、半分賛成、半分反対です。

『アエラ』は90年代後半から働く女性の生き方を取り上げるようになりました。男女雇用均等法が施行されて10年くらいたったころです。編集部にいわゆる均等法第一世代の女性記者が何人かいました。彼女たちの興味・関心はひとことでいえば、男社会である企業に進出したものの、均等法がいうような男女平等とはほど遠い現実に直面していることでした。「なぜこんなに男女の格差があるのか」「均等法はタテマエじゃないか」。そういう不平・不満を具体的に記事にしていったのです。すると、いろいろな反響があり部数も伸びたのです。このケースは斎藤十一の編集方針にぴったり合っています。しかし、これは彼女たちの個人的な叫びが、ひろく社会に広がっていたためです。いわばメジャーなテーマ、時期を得た問題だったということができるでしょう。確かに雑誌が扱うテーマを探すというひとつの方法として、個人の興味・関心から出発するというのは大切です。私自身も編集部員には自分の不満は何か、自分の家族・友人・恋人らの興味・関心は何か、そこから企画を考えろ、と言ってきました。しかし、とはいえ、それらをすべてそのまま採用するわけではありません。採用段階では、社会的な広がりとか、タイミングをみて判断するわけです。

編集長をやっていると、ときとして、表紙から最後のページまで自分の好きなネタだけで展開してみようかという誘惑に陥ることがあります。しかし、それは間違いであるというのが現時点での考えです。なぜか。私個人の興味・関心が必ずしもメジャーではないからです。

どちらかといえば、世の中からみると、マイナーなテーマに興味・関心があったりして、それらのネタだけで作ったら非常にマイナーな雑誌になってしまうからです。『アエラ』の先輩記者がこう言っていたのを今でも思い出します。「雑誌には必ず嫌われるページがないとダメなんだ。『アエラ』の頭から足先まで好きだと言われたら売れなくなるよ。どんなに『アエラ』が好きな読者でも、なんで、こんなのが載ってるんだ、と反発する部分がないといけないんだ」

とまあ、こうして雑誌作りの考え方に毎日浸っていると、脳みそが雑誌に染まってくるのです。最低1年くらいは、四六時中、雑誌にどっぷりつかると、いわゆる発想自体が雑誌的になり、「雑誌脳」が形作られてきます。そうした経験は、役に立つことはあれ、無駄だということはほとんどないと思います。

第3回
ネタがたくさんある人、ない人

編集は企画が生命《いのち》です。企画の考え方やアイデア出しについてはすでにたくさんの書物が出ています。ビジネス誌でもよく特集を組んでいます。目を引いたものはひと通り読むべきでしょう。

企画というのは、編集に限らずどこの業界に行っても大切なことです。ＡＩもそのうちできるようになるでしょうが、なによりも企画の発想こそ人間らしい作業といえるでしょう。なぜなら最もクリエイティブなものだからです。もちろん活用できるＡＩが出てくれば、それを利用して企画を考えればもっと効率的にいいものができるようになるかもしれません。

ところで、企画のはじまりはネタです。ネタ＝企画で使われる場合もありますが、ここでは別と考えましょう。料理にたとえれば、違いが分かりやすいかもしれません。ネタは素材、企画はネタを生かした料理。こう考えればいいかと思います。雑誌でいえば、企画＝特集とイメージすればいいかと思います。ですから肝心なのは、自分がどんなネタをどれだけもっているか、という点です。ともかく、ここがスタート地点なのですから。

ネタをたくさん持っている人を見ていると、まずは24時間ネタ探しをしています。少なくともそういう姿勢で暮らしています。誰かと話をしていても「あっ、それ使えそう」とか、「そのネタいただき」という声が出ます。

いまはネットの時代ですから、ある意味、ネタ自体はネットにたくさんころがっていると言っていいでしょう。ツイッターやブログをみれば、いろいろなネタがあります。むかしは「イヌも歩けば棒にあたる」のことわざ通り、365日24時間、たえず鼻を利かせていないと棒（ネタ）には当たらなかったものです。

いまは365日、24時間、ネットをウォッチしていれば、新鮮なネタが手に入る、というふうに言うこともできます。これがいいのか悪いのか、一概にはいえませんが、便利な時代になったのは間違いありません。

しかし、私が考えるところ、ネタ探しの基本はネットではなく、人に会うことだと思います。

◆人の話に色をつけない

ある女性起業家の話です。その人が言っていたことですが、自分はいろいろな人の意見を聞く。部下であろうと立派な肩書きの人であろうと差別することはない。なぜならビジネスに生かせる情報はどこにころがっているか分からないから。誰の話がヒントになるか分からないから、と。

ネタをたくさん持っている人、つまり情報収集能力の高い人というのは、こういう姿勢で生きている人なのでしょう。ともかく誰でもいいから話をきちんと聞く。だれだれの考えだから採り入れる。逆に、だれだれの考えだから採り入れたくない。人の話に色をつけてものごとを判断する。そんな姿勢でいたら、おそらく会社は続かないでしょう。

相手が偉い人であろうがなかろうが関係はない。社外で会った人、部下の話、ともかく誰のアイデアでも生かすというのが自分の流儀だ、といいます。

この考え方は、ネタを集めるという点において、おおいに学ぶべきであると思います。

ニュースや雑誌のネタはフィクションではありませんから、自分勝手にまったくの想像で作り出すものではありません。そんなことをしたら記事の捏造です。でっちあげです。ウソをつきたい、あるいはウソをつくのが得意な人は、最初からノンフィクションはあきらめてフィクションを書いたほうがいいでしょう。

さて、ネタは世の中にあまねく存在するものです。誰にもひとつやふたつのネタがあるものです。その人がもっているネタそのものがすぐに面白い記事になることは、なかなかないかもしれませんが、面白い記事のヒントになる可能性は十分にあるものです。

◆身近な情報からネタを

たとえば、こんなことです。新聞社では次長や部長になると管理職研修というものがあります。もうだいぶ前のことですが、実際にあった例です。

同僚の親しい記者が地方の総局長になることになり、研修を受けたそうです。新聞社の地方総局といえば、採用されたばかりの新人記者がいわば記者修行をする場でもあります。若い記者の実地教育訓練所の役割があるわけです。だから若い部下への接し方が総局長の重要な仕事のひとつでもあるわけです。その新米の総局長が研修を受けた後、こう言います。「おいおい、総局長になると絶対部下を叱ってはいけないそうだ」。やれやれといった調子です。ともかく、ほめて育てろ、という話だったそうです。

かつて新聞社の地方職場といえば、デスク（次長）や局長に叱られることによって育てられたものです。叱るということが教育の代名詞だったわけです。上司にほめられたときは、何か下心があるんじゃないかと思って気持ち悪く思うのがふつうでした。

ところが、時代はすっかり変わったのです。なぜなら、大学を出るまでろくに叱られた経験がない新人記者が入社してきて、いきなり上司に怒られると出社拒否で会社に来なくなる例が相次いだというのです。

昔だったら、前述のように怒られるのも仕事のうち。なかには、とんでもなく理不尽な怒りがあるときもあります。そんな時には、「こんなバカな上司とやってられるか」と啖呵を切って会社を辞めてしまった武勇伝もあったくらいです。

ところが、最近の若い世代は逆ギレして退社するのではなく、会社は辞めたくない、けれど行きたくない、という悶々としたケースが目立つようになったというのです。

この類の話は、一新聞社特有の話と違うでしょう。日本の若者は全体的にひよわになったといわれています。そうすると、どこの企業でも似たような現象がおきているのではないか。そう思って調べると、上場企業クラスでも似たようなケースがたくさんあることがわかりました。これなんかは身近でみつかるネタの好例です。

こんな例もあります。ある記者の親類に小学生がいます。その小学生のお母さんが最近、こんなことを言っていました。「息子が通っている小学校の3割が私立中学校に行くんだって。ついこの間まで、このあたりの小学生はみんな地元の公立中学校に進学していたのにねえ」この記者はピンときました。私立とはほとんど縁遠い土地柄でさえ私立熱が高まっている。公立不信は極度に強まっているというのが根本にあったようです。

◆ネタ探しの基本は人に会うこと

もちろんこんなふうに毎日毎日、いいネタが手に入るわけではありません。どちらかといえば、ネタ探しの9割以上はムダの積み重ねです。しかし、骨折り損のくたびれ儲けの積み重ねの中からいいネタというものが手に入るのです。

歴史に残る世紀の大スクープというものはほとんどがそうです。映画にもなった米国のウォーターゲート事件。最終的にはニクソン大統領を辞任させたあの大事件は、最初はどこにでもあるような窃盗事件がきっかけだったのです。それを丹念にほじくった結果、歴史に残る大事件となったわけです。

『朝日新聞』が報じたリクルート事件も最初はたんなる一地方の汚職事件だったのです。しかも警察が一度は捜査をあきらめたケースをしつこく取材した成果だったのです。その取材の過程は出版されている関連書籍に書いてあります。そんなに簡単には宝が見つかるものでないことがわかります。

そんな歴史的大事件を狙う必要もないかもしれませんが、大事件も小さなネタも大切なのは、日々のネタ探しの姿勢なのです。

では、どういう人に会ったらいいのでしょう。有名人には簡単には会うことはできません。もし取材先から人を紹介されたら、どんどん会いましょう。会う人がいなかったら、身近な人でいいのではないかと思います。恋人や友人。自分の家族と話せばいいでしょう。それでも会う人がいなかったら、映画や舞台を見にいきましょう。いま何が世の中にウケているかが分かります。話題のスポットがあれば、一人でもいいから出かけてみましょう。書店に、デパートに、スポーツジムに…人が集まるところには、何かがあります。ともかく、時間があればどこにでも行ってみることです。

ネットに情報が溢れているのだから、いちいち人に会わなくてもいいじゃないか、と思う人もいるかもしれません。でも、ネットに書かれた文章というものは、書き手が書きたいことだけを書いているものです。

たとえば、ブログを書いている人は、その書き手が持っている情報のほんの一部しか書かないものです。そのブロガーがもつ情報は、もっと膨大な広がりがあるはずです。それは本人に直に会って、さまざまな話をするなかでしか得られないものなのです。話し手本人があまり重要視していない情報でも、聞き手のこちらにとってはとても面白い話だったりすることはよくあることです。

◆人に会ってすべきこと

さて、ネタが豊富な人というテーマに戻りますと、実はただ人に会えばいいというだけではないのです。これは何だろうと思ったときとか、ネタにならないかもしれないがちょっと気になる話だな、なんていうケースのときには必ずメモを取るクセをつけることです。いまはメモ帳でなくても、ケータイにどんどん書き込めますから便利になったものです。

メモをとることとは、一流の人ならだれでもしていることです。たとえば、小説家の渡辺淳一さんから生前うかがった話ですが、あるねんごろにしていた女性から他の女性に気が移ったことを責められたことがあったそうです。渡辺さんは正座をして、その女性から説教を聞かされたそうです。ところが、怒りまくっている女性が気の利いたセリフを言ったのだそうです。渡辺さんとしては、いまのセリフは将来の作品に生かせるかもしれないということでメモを取りたいと思ったそうですが、メモを取れる状況でもありません。そこで怒りに燃える彼女に、トイレに行かせてくれ、と頼んでトイレに駆け込んだそうです。そこで、トイレットペーパーに先のセリフを書いたのだそうです。

あの高名な小説家の渡辺さんにして、こうなのです。ともかく、人間は忘れます。覚えているのは幸運と考えたほうがいいでしょう。なにがなんでもメモを取るという習慣を身につけましょう。人に会って、その話からどれだけピンとくるかこないかが最終的には重要なのです。

ではピンとくる、こないの違いは何でしょうか。これは本人の興味、関心、知識の度合い、編集経験の差などが大きく影響します。同じ話を聞いても聞き過ごしてしまう人とピンときて面白い記事に仕立ててしまう人がいます。これは力量、経験の差として仕方のないものです。しかし、１００％の人はいないので、心配することはありません。

大事なことは面白いと思うかどうか、ここが一番重要なのです。ピンときたということは、意識のどこかで何かが反応したのです。それで記事にしてみて、世の反応を探ればいいでしょう。もしかしたら大きな反響があるかもしれません。

ピンとこなかったというのは、面白みを感じられなかったということです。もっとも面白みを見逃している場合もあるでしょう。新人記者の場合は、自分がなにかを見逃しているのではないか、という一種の強迫観念みたいなものに襲われるものです。

しかし、それはそれで仕方がない。そうなったら修行が足りなかったと反省し、次回から同じ失敗を繰り返さなければいいのです。ともかく24時間３６５日、ネタ探しの狩人をしていると思えばいいでしょう。そういう姿勢が成長につながるのです。

ネタ探しのために月に50万円も飲み代に費やしているという人がいます。有名人を食事に誘い、それで財産を使ってしまったという話も聞いたことがあります。それはそれで熱心なことだと思います。しかし、誰もが大金をつぎ込むことなどできません。もっともカネをかけなくともネタ探しはいくらでもできるものです。

第4回 人脈を築ける人、築けない人

ネタを探す基本は人に会うことだといいました。ネタを多く仕入れるにはできるだけ多くいろんな人に会う。多ければ多いにこしたことはありません。大切なのは、人脈の広さです。人脈を築くには時間がかかります。編集入門者は一歩一歩じっくりと人脈を作っていくしかありません。3年、5年単位でみていくことが大切です。

さて、ある編集者が、自分の人脈についてこんなことをいっています。人脈は二種類。ひとつは、ものごとの本質を見抜ける人。他は、人よりもたくさん遊んでいる人。こうした人たちとのつき合いが、雑誌をつくるうえで非常に役立つといっています。

自分のもっている人脈が自分の仕事を決めるのか。あるいは、自分の仕事が自分の人脈を

決めるのか。どちらが本当なのか、決めがたいところがあります。ですが、いずれにしろ仕事と人脈とをからめているのはもっともなことだといえます。もちろん、仕事つながりだけでは寂しい、ビジネスつながりだけではなんだかさもしい、という考えもあるでしょう。しかし、仕事をきっかけに親友のように親しくなる例はたくさんあります。人脈が築けるかどうかというのは、そうしたお互いに信頼する人間関係になれるかどうかということでしょう。

インターネットがどれだけ発達しても人脈のもつ意味がなくなるということはありません。人脈は情報が入る、ネタが入ってくるというだけではないからです。ものの見方とか、記事をつくるうえでの切り口とか、そうしたクリエイティブな面を支えてくれます。さらには友人レベルに親しくなれば、仕事のうえでのトラブル、苦悩の相談相手にもなってもらえます。

人脈を広げるノウハウはビジネス誌の特集にもあります。または、人脈を築く方法論がテーマの書物も出ています。会った人には必ず、お礼のメールをだすとか、礼状を書くとか、こまかなノウハウはここでは書きません。ひとつだけ言うとすれば、大切なのは、誠意がある、あるいは誠実である、という点だと思います。

わたしの知り合いの新聞記者には、大学を卒業して新人記者になって以来、出会った人の名刺をひとつのバッグにすべて入れて毎日、持ち歩いている人がいます。それもその人なりの人脈を大切にするやりかたかもしれません。

別の人は、定期的にパーティーを開いていました。いまふうにいえば、異業種交流会のようなものでしょうが、１００人単位で集まっていたようです。自分の知り合いと交友関係を深めるだけでなく、知り合いが知り合いを呼ぶという人脈拡大の意味もあったようです。

ひとくちに人脈といっても、どのくらいの人数の人を知っていればいいのか、という疑問もあると思います。これに対する答えは多ければ多いほどいい、というしかないでしょう。新聞記者になるとおそらくは定年になるまで数千の人に会うでしょう。しかし、ネタ元という意味での自分の人脈としてカウントできる人数になるとかなり減ると思います。

たとえば、新聞記者になってサツ回りをするとします。県警本部には部長クラスはせいぜい10人程度しかいないでしょう。課長レベルでも30人くらいでしょうか。そのうち自分のネタ元といえるような人は、おそらく敏腕のサツ回り記者でも数えるほどの人数にしかならないでしょう。

ネタ元といえる人間はゼロというケースも記者によってはあるかもしれません。こうなるとサツ回り失格ですが。新聞社ではなぜ新人記者に最初にサツ回りをさせるのか。いくつかの理由がありますが、ひとつの理由は、愛想のない警察官といかに親しくなるか、その人間関係の築き方を勉強するいい機会だからです。

わたしが新人記者のときは、いわゆるサツ部屋に一日最低3回は回れ、といわれたものです。朝、昼、夕方、何か不審な動きをしていないか。部屋に入れば、雰囲気がわかります。新聞記者に聞かれて都合の悪いこと、たとえば捜査関係の話をしていたりすれば、入ろうとしても追い出されます。それはそれで何か極秘にしているな、ということが分かるわけです。後で聞いても、警察署で教える警察官はいません。そこで夜、幹部の自宅を回ります。夜回りというやつです。そのときにヒントをくれる人との信頼関係をふだんからどう築くかが大切なのです。

警察官は職場では愛想のない人が多いものです。新聞記者はふつう、課長席や次長席の前に言って話をします。しかし、ほかの警察官がいる手前、捜査の話は相手もしたくありません。そこで世間話になります。プロ野球の巨人ファンが多いので、ゆうべの巨人戦の話をすればそれなりに盛り上がります。しかし、野球の嫌いな人もいて、巨人の話が誰にも通じるわけではないのです。

しかも一日に何回もカオを会わせるわけですから、ただでさえ話すことがなくなります。ひと言ふた言、天気の話でもすると沈黙になります。世間話ができずに、サツ部屋になかなか入ることすらできない新人記者もいました。ドアを開けて、大声で挨拶して、それっきり突っ立っている例もありました。人脈を築くというのはタイヘンなのです。

「ネタはトイレで聞け」という言葉もあります。警察の幹部がトイレに行くのを待って、回りに誰もいないのを確認したうえで、隣に陣取りいきなり本題に入るというやつです。同じトイレでもこんな涙ぐましい話もあります。とにかく警察官と親しくなるきっかけを作ろうと、小用をたしている幹部のズボンにむけて、わざとひっかけたという武勇伝です。びっくりしている幹部に、「すみません。クリーニング代は出します」といって、親しくなる（親しくなったか不明ですが）という手です。

ともかくネタ元をつくるために、聞くも涙、話すも涙という事例には枚挙にいとまがありません。わたしもゴルフを始めたのは警察幹部と親しくなるためですが、これなんかはカワイイ部類で、結構、新聞記者というのは血のにじみ出るような苦労をしているものなのです。

さて、ネタ元としての人脈は人数ではなく、関係の深さ、つまり信頼関係だという人もいます。それはそのとおりでしょう。昔に会った人でも、年賀状やら季節のあいさつ状やらで関係をつないでおくと、ある日突然、大きなネタを提供してくれるという例があります。

元新聞記者で作家の三好徹さんが以前に書かれていたことですが、新聞記者時代の地方勤務をしていたころに知り合った人と年賀状などのやりとりをして、関係をつないでいたそうです。ある日、その人から手紙が届き、原子力関係の特ダネが書かれていたそうです。

◆信頼関係を築くこと

特ダネのような重要な情報を取るのは基本的には、取材先との信頼関係のなかから生まれます。情報の重要度が増せば増すほど、いいかげんな相手に話すことなどありえないことは常識的にもお分かりになると思います。この情報をあの人に託せばきっといいように扱ってくれるはずだと、相手がそう思うことによって話すわけです。それだけの人間関係をつくることが大切になります。

具体的に説明をしましょう。前述の三好さんは日本の新聞史における3大スクープというものをあげています。

そのひとつが太平洋戦争の開戦時に『毎日新聞』が「日本、米国に宣戦布告」という特ダネを書いた事例です。これはケースとしては極端かもしれません。しかし、人脈を築くことの本質をついた例なのでわかりやすいと思います。

この話はテレビでもドラマ仕立ての番組になり、それを見た記憶もあります。知っている人は知っている有名な話ですが、若い人にはあまりなじみがないかもしれません。

取材したのは『毎日新聞』の前身である『東京日日新聞』の後藤基治記者という人です。後年、後藤記者が明かした話によりますと、取材は大きく二段階になっています。

第一段階は当時の米内光政元首相に取材に行ったときのことです。もちろん、テーマは日中です。開戦の時期など国家機密中の機密です。軍国主義時代であり、報道の自由も制限された世の中です。開戦の時期など国家機密中の機密です。そんな情報をうっかり漏らしでもしたら死刑になる危険性も十分あったでしょう。

そういう状況のなか、話をしているうちに、米内氏はカバンのなかから書類を出し、見えるようなかたちにしたまま、トイレにいくといって席をはずしたのです。そこで後藤記者はピンときました。これは本人がいないうちに見よ、ということなのだと。早速、その書類を見ると、開戦は12月初頭とありました。戻ってきた米内氏は「そんな話を君らにしたら、コレだよ」と言って、首を切る所作をしました。

次に後藤記者はかねてから親しかった陸軍幹部にマレー作戦が12月8日に始まるとの情報を得ます。これで記事になるわけですが、もちろん、ことがことですから新聞社でも一記者の情報だけでなく、他からのウラ取りもしたうえで記事にします。政治部はじめ関係の記者が何人も動員されてさまざまな情報が集められ、最終的に取材組織全体の情報を総合したうえで判断し、紙面に掲載するわけです。

しかし、ここで重要なのは、端的に開戦はいつかという情報を得たのが後藤記者だったということです。しかも、その情報をどこから得たか、それは彼の培った人脈だったということ。その情報源から彼が信頼されていたということが大切なわけです。

朝日新聞社もスクープをたくさん取っています。個人的には、1988年に発覚したリクルート事件が最大のものと思っています。これも若い人にはもう知られていないかもしれません。かいつまんでいいますと、リクルートの創業者が政治家らに未公開株を提供していたという事件です。発端は川崎市の助役がその一人でしたので、神奈川県警が内定していたのを『朝日新聞』の記者が聞き込んだものでした。

しかし、県警は捜査が困難だとしていったん手を引いてしまうのですが、『朝日新聞』の若い記者たちは自分で、助役の疑惑を調べ、ついに記事にするのです。そして、未公開株をもらっていたのが助役だけではなく、中央政界にもたくさんいたことが明らかとなり、最終的には東京地検特捜部が捜査に乗り出したのでした。

このスクープは見事というほかはありません。しかし、最初に情報を聞き込んできた記者がいなければ何も始まらなかったのです。そして、その情報のきっかけは記者と情報源との信頼関係のなかから得られたものなのでした。

事件から10年以上たったある日、その記者と情報源とみられる警察関係者と私と3人で会食をしたことがあります。二人の人間関係は、事件の後もしっかりと続いていたのをこの目で「目撃」しました。

第5回
仮説を立てる

雑誌の生命は企画のよしあしで決まります。企画＝特集です。さて、これまで述べたように、人脈を築いて膨大なネタを仕入れたとします。それをいい企画に生かすには、どうしたらいいでしょうか。それがここでのテーマです。もう話のレベルは入門編をはるかに超えてしまいます。若干、難しい話になるかもしれませんが、キーワードは「仮説」を作るということです。

かつて『99.9％は仮説』という新書が売れたことがあります。われわれが本当だ、真実だと信じている科学の知見のほとんどが、実は完璧に実証されたものではなく、仮説にすぎないことを指摘した本です。科学は仮説をたてて実証していくことだ、というくらいの知識は誰にもあるでしょうが、実際に証明されたものは意外と少ないのだということに驚きがありました。この驚きが、ベストセラーの理由だったのでしょう。

科学の世界にかかわらず、わたしたちがふだん何気なく思っていること、ばくぜんと抱いている考え、常識とみなされているものには、きちんとした根拠がないものが往々にしてあるということです。多くの場合が仮説でしかないということです。

コペルニクスの地動説も、りんごでひらめいたニュートンの万有引力も、アインシュタインの相対性理論も最初は仮説です。科学者でない一般のわたしたちにとって、その仮説が証明されているかどうか、そんなことは専門家に任せておくしかありません。また、証明などというう難しいことを説明されても素人には分からないのがふつうです。そうしているうちに、やがて仮説はいつの間にかわたしたちの意識のなかで「真実」のようになっていくのです。

まあ、ここは仮説がいいか悪いかを論じる場ではありません。しかし、仮説が悪いのではなく仮説なくしてはいろいろなことの真相が分からないのも事実です。人間は分からない事象を目の前にしたとき、誰でもああじゃないのか、こうじゃないのか、勝手に推測を働かせる動物です。

有名タレント夫婦が離婚の危機にある。そんなテレビのワイドショーの話題を見ると、夫に女ができたからだの、いや妻のほうこそ不倫したんじゃないのかとか、いやカネが問題なんだとか、いろいろと揣摩憶測がとびかいます。そんな低俗な憶測と科学上の仮説を一緒にするな、と怒る人もいるでしょう。でも、ふつうの人にとっては実は、この二つは表面的には同じようなものなのです。

ともかく、仮説は面白いのです。人間が人間らしさを発揮できる知的活動なのです。断片的な情報をつなぎあわせ、ひとつの全体的な見取り図を作る。これは知的活動以外のなにものでもありません。やがて、ことの真相が分かったときに、ほーらオレの言ったとおりだろう、と自慢できる快楽もあるのです。

なぜ仮説をたてるのか。そこには言わずと知れた人間の真実追究の知的欲求があるからです。そして、何度も繰り返しますが、ミステリー小説のように面白いからです。なにが面白いのか。説明のつけかた、理論構築、つまり説得力の有る無しが面白いからなのです。一種の知的ゲームみたいなものです。

さて、そんな面白い仮説ゲームは科学の世界だけのものではありません。学問の世界は、理系にとどまらず文系もそうでしょう。エンゲルスの『空想から科学へ』も科学といっていますが、資本主義の搾取社会は破綻し、労働に応じて分配される社会がくるという壮大な仮説です。実際にソ連という国はその仮説に基づく実験をしたくらいなのですから。

マックス・ウェーバーの『プロテスタンティズムの倫理と資本主義の精神』なんか、まさに分かりやすい例です。資本主義を支えたのは、カルビン派のピューリタンたちが天に宝を積め、という精神を具現したものだ、という仮説を徹底的に証明しようとした古典です。文系の学生なら大方の人は読んだはずです。

さて、話を雑誌の世界に戻しましょう。雑誌も仮説が大事なのです。いや、雑誌こそ仮説が大事なのです。これがなければ雑誌のザの字もできない、といっていいくらいです。もちろん仮説が仮説で終わってしまっている記事ならばダメですが、仮説を説得力をもって「立証」

している、あるいは立証しようとしている記事なら、読み応えがあるはずなのです。

雑誌をつくる人の仕事はといえば、取材をして、いい記事を書く。編集者だったら、取材をさせ、いい記事をつくる。では、いい記事とはなんでしょうか。なにか新しい情報を提供してくれること。大げさにいえば、それまで見ていた世界が別のものに見えるくらいのインパクトのある記事。つまり誰もが思うような、誰でも解説できるような、平凡な、ありきたりの見方でなく、全く新しい、これまで見たことも聞いたこともないような鋭い切り口の記事。これです。そして、その鋭さとは仮説の新鮮さ、インパクトにほかならないのです。

よくライター、編集者志望の人から切り口とは何でしょう。どうしたらいい切り口がみつかるでしょうか、といった質問が出されます。切り口は一流とみられているプロのライターでも一番迷い、悩むことなのです。取材はした。たっぷり材料はある。データはしっかりしている。しかし、なかなか、いい切り口が見つからない。肝心の切り口がみつからないと、せっかく集めたデータが、話が役にたちません。いい記事が書けないのです。材料があるのに。これは雑誌をやっていると永遠に続く病です。雑誌があるかぎり続く生みの苦しみなのです。

第一章で詳しく書いたように、いい切り口の記事には、いい見出しがついているはずです。双方は一体です。それは、いい仮説にのっとっているからなのです。つまり、いいライターや優秀な編集者とは、新しい見方＝仮説を打ち出せる人といってもいいでしょう。

ではどうやったら、誰もが注目する仮説を打ち出せるか。誰もが見破ることのできるデタラメな仮説では相手にされません。こどもだましでは、その雑誌は二度と買ってもらえないでしょう。休刊、廃刊が待っています。

しかし、立証がきちんとしている場合は、世の注目を集めます。読者は面白がって毎号、楽しみにして買うでしょう。

では、どうやったら注目される仮説を作ることができるのか。

さて、前章でエクセル発想法のことを書きました。エクセル発想法をやっていると、徐々にもっとステップアップしたいと思うようになるものです。

この段階で、私がかならずお勧めしているのは、丸谷才一の『思考のレッスン』です。これは文学的な内容の本ですが、言わんとすることはクリエイティブな発想について語っています。

ぜひ、読んでほしいのですが、文学はどうも苦手という人は、巻末にフランス文学者の鹿島茂さんが書いている解説を読んでみてください。そこにごくかいつまんで、この本のエッセンス的なことが分かりやすくまとめてあります。

私なりにアレンジして要点をまとめると、こうなります。

まず、あなたが編集者になりたいとするなら、ある専門分野に強くなければなりません。まんべんなく何でも知ってることも重要ですが、特定のジャンルについては誰にも負けない、少なくともプロといわれるくらい詳しくなっていたほうがいいのは間違いないことです。

そのジャンルはなんでもいいのです。たとえば、イルカの専門家になるとします。世に出ているイルカに関するあらゆる本や資料、映像をすべてチェックします。ひととおり詳しくなりました。イルカについては水準以上の記事を書くこともできるようになりました。次にもうひとつのジャンルに詳しくなります。たとえば、マグロについて詳しくなるとします。イルカと同じように、調べて詳しくなりました。

さて、二つのジャンルについて詳しくなりました。そこで、二つをくっつけます。どうやってくっつけるのでしょうか。それは比較してみることです。イルカとマグロは何を食べているのか。体はどこが同じで、どこが違うのか。子孫はどうやって残しているのか。海のどこで生存しているのか。このように徹底して比較します。すると、同じところと違うところが出てきます。

問題は違う点です。イルカもマグロも海の生物としては大きな体をしています。でもマグロにエラはありますが、イルカにはありません。マグロはタマゴで子供を産みますが、イルカはイルカの赤ちゃんを産みます。など、違いを列挙します。

そうしたら、イルカとマグロは同じ種類の生き物なのか、違う生き物なのか、仮説を自分なりに立てます。いまでは小学生でも知っていることですが、イルカは哺乳類であり、マグロは魚類です。これを仮説としてつくり、検証してみるのです。イルカが哺乳類だなどと誰も知らない時代であれば、大発見でしょう。

以上、簡単にいうと、そんなやり方になります。

特定のジャンルについて専門家になるには時間がかかります。それは別途、努力をしなければなりません。しかし、専門分野をもつということは、編集者の世界でも重要なことです。少なくともプロになるためには必要なことといえます。

手順としては、そういうことですが、この本の中には、実際、丸谷さんが立てた「仮説」がいくつも紹介されています。いずれも面白いのですが、一、二紹介させていただきます。

歌人の俵万智さんの代表作に次の作品があります。

「この味がいいね」と君が言ったから七月六日はサラダ記念日

丸谷さんは、この歌は七夕の歌ではないか、という仮説を立てたのです。というのは、丸谷さんは『新古今和歌集』を研究していて、そのなかにはたくさんの七夕を詠んだ歌が出てくるのだそうです。本当だとしたら、俵さんにどういう事情があったのだろうか、なぜ七夕の前日だったのか、などといろんな疑問が浮かんできます。それだけ面白い仮説だという証拠です。

実際に、ある編集者が俵さんに聞いたところ、七夕なんて意識してなかったとの話のようでした。しかし、それを聞いても丸谷さんは、俵さんにそうした意識がなくとも日本の歌の伝統が必ず関係している、となかなか仮説を捨てません。こういうこだわり、しぶとさも大事です。

もうひとつ。夏目漱石の『坊ちゃん』。丸谷さんは常々、非常に構成のしっかりした作品であると思っていたそうです。そうしたら、ある人が世界の小説のなかで構成のしっかりした三作をあげたそうです。そのなかに『トム・ジョーンズ』が入っていたのですが、丸谷さんはそこでピンときたのだそうです。『トム・ジョーンズ』はイギリスの小説です。夏目漱石はイギリスに留学していました。しかも帰国してから東大で教えたのが英国文学です。18世紀のイギリス小説が中心です。つまり、『トム・ジョーンズ』を知っていてもおかしくないのです。なぜ、両方とも構成がそんなにしっかりしているのか。ここで丸谷さんは、いくつかの事例をあげて『坊ちゃん』は『トム・ジョーンズ』を下敷きにしているのではないか、という仮説を打ち立てました。

これも雑誌の企画案だったら、即、採用です。あとは取材に走るのみです。

◆「比較検証」に絞ってやってみる

さて、以上の丸谷さんの仮説の内容はいずれも高度なものばかりです。初心者には、手の届く段階のお話ではないでしょう。もう少しレベルを落として、この方法をものにできないものでしょうか。

そこで提案したいのが、次のやり方です。丸谷さんの方法論は、知識が詳しいということと比較検証をしているという2点が大きな特徴です。最初の知識が詳しいというのは、時間がかかります。それはそれで勉強を進めるということにして、第二点の比較検証という点を抜き出して、こちらで仮説を立てるということにすればできるかもしれません。

やり方として、たとえばこういうことです。

大学進学で有名なA高校の特集をしたことがあります。その際、もうひとつの有名高校Bと比較しました。ガリ勉のイメージが強烈なA高と自由なイメージのB高です。

ある記者がA高では運動会で騎馬戦や棒倒しをやっているという情報を得てきました。そこでB高と比較するために、運動会や文化祭、部活、服装、授業の仕方など、いろんな情報を収集し、比較したのです。すると、記者たちから「A高は意外とバンカラ?」という声が出て、バンカラ要素を集めようとなりました。カバンや学生服、早弁までできるだけ細かい情報を収集して、「A高、バンカラ偏差値も高い」という記事に仕立てました。

この例などは、たいしてレベルの高くないケースといえるでしょう。でも、仮説を立てるというやり方としては本筋を踏んだやり方といえるでしょう。

A対B、このやり方でなんでも比較してみてください。

たとえば、大谷翔平VS佐々木朗希、King&Prince対Hei!Say!

ＪＵＭＰ、メルカリ対ＺＯＺＯＴＯＷＮも駅東パン屋ＶＳ駅西パン屋、ドラクエＶＳファイナルファンタジー…いろんな分野でこういう比較をすることによって、これまでのイメージをくつがえす仮説が登場するかもしれません。

第6回 時代の半歩先を見抜く

「時代を見抜く」「時代を切り取る」「時代の半歩先を読む」…。本当に編集者にとって、こういったことが可能なのかどうなのか。かつてこのテーマで、いろんな人と話をしたことがあります。

ある女性の実業家の方の答えは「定点観測」ということでした。誰でも一つや二つのことを何年も何十年もウォッチしています。その方は「３Ｋ」ということをあげていました。３Ｋとは、雇用、健康、家庭なのだそうです。これらの変化を見続けるわけです。そこから時代を読み取るということでした。

私の答えは、時の人を見つけるというものです。いつの時代でもその時代特有の何かを体現する人物が必ず現れます。太古の昔からそうです。クレオパトラ、キリスト、アレクサンダー大王、卑弥呼、聖徳太子…歴史に名を残している人物はいずれもそうです。

何も権力者だけではありません。一世を風靡する人物はどこでもいつの時代でも必ずいるものです。もっと言えば、有名人でなくとも構わないのです。

問題は、その人物が今という時代の何を体現しているのか、それを見破る「目」なのです。ここが一番大事です。しかし、名もなき人もある程度、時代を体現しているとはいえ、分かりにくいのも事実です。従って、世の中から注目されている人物に焦点をあてるのが分析しやすいでしょう。

たとえば、今でも若い人に人気があるホリエモンです。かつてライブドアの堀江貴文元社長はいろいろと話題を提供しました。近鉄を買収してプロ野球に参入しようとしたり、ニッポン放送株を大量に買って子会社であるフジテレビへの影響力を強めようとしたり、小泉政権の自民党から出馬しようとしたりしました。いわゆるザラ紙系の週刊誌は、ホリエモンのプライバシーを徹底的に暴露しました。

しかし彼が逮捕された時になぜ若者の多くは同情的だったのか。彼はいまの時代の何を背負っているのか。ホリエモンは単なるカネの亡者なのか。市場原理優先の米国型資本主義の権化なのか。新しい時代の成り上がりなのか。新しい企業家なのか。新しい金融のビジネスモデルなのか…既得権益への挑戦者なのか。個人的には若い世代が共感したのは既得権益に執着する古い世代への反発だったのではないかと思います。

戦後も半世紀以上も経ってしまうと、既得権益で社会はがんじがらめになってしまいます。政治も経済もマスコミも、規制緩和といいながらあらゆる世界が実は既得権益だらけなのです。新規参入は至難の業なのです。時代は実は行き詰っているわけです。そうした世界に風穴を開けようとしたのが、ホリエモンとみることもできるわけです。米国でトランプ大統領が当選したのは、いい例です。衆愚政治、大衆扇動などと批判され続けていますが、がんじがらめの既得権益への反発が社会のあらゆるところに蔓延している時代であることは間違いないのです。

いまや皇后陛下になられた雅子さまの場合はどうでしょうか。かつて雅子さまが体調をくずされたときには批判の声もたくさん上がりました。しかし、当時、同情の声を上げたのは働く女性たちでした。雅子さまの世代は男女雇用機会均等法第一世代と言われます。彼女たちは男女雇用機会均等法の施行と共に企業社会に進出し、男性が作り出した社会に猛然と挑戦していった世代です。なにもかも均等にしようと、十字軍のような使命感を抱いて突き進んでいきました。

しかし、結局、男たちの作り上げた壁はそんなに簡単には崩れるものではありませんでした。皇室はある意味、そうした男性社会の最たるものです。女系天皇も認めようではないか、との議論が起きたときに、元皇族を含めて大反対の合唱がおきたのはいい例です。多くの女性読者は何が起きているのかを知りたいのはもちろん、その背景に自分と雅子さまをダブらせてみたのです。

時代を見抜くということで、私自身がこれまで一番感心した記事は１９８９年のベルリンの壁崩壊（11月９日）を予告した『アエラ』の記事でした。

これはある先輩記者が書いたものです。当時、私も先輩記者とともにソ連（当時）に取材に行ったりして、ゴルバチョフが進めるペレストロイカ（改革）のもとで、何が起きているか、ある程度は把握しているつもりでした。

ベルリンの壁崩壊についても、やがて来るだろうとは思っておりましたが、それがこんなに早いとは正直、予想もしていなかったのです。

先輩記者の記事は実際の崩壊の１カ月以上も前に掲載されました。

つまり時代を切り取る、時代を見抜くという雑誌のコンセプトを見事に表した記事として、最高のものだと思った次第なのです。

では、どうして先輩記者はベルリンの壁崩壊を見抜くことができたのでしょうか。この人は朝日新聞社では農業を専門とする記者で通っていました。同時にドイツにも詳しい人でした。特派員をしたわけではありませんが、ドイツ語ができて日ごろからドイツの雑誌にも目を通していました。ドイツを長くウォッチしていた方なのでした。

原稿を読むと、非常に小さな変化を敏感に感じ取っていることが分かります。外交官がこういう表現をしたとか、首脳会談の声明のなかにこんな表現があるとか、なにも特別な文書を入手しているわけではありません。他のジャーナリストも見ていたり、聞いていたりするものなのですが、先輩記者は過去の表現とはこんなふうに違うと喝破するのです。独自の嗅覚を働かせて、何かが進んでいる、このままいくと何かが起きる、と洞察しているのです。この嗅覚の働かせ方がすごいのです。

つまり長年、ひとつのテーマを見続けているということは、過去と現在との比較ができるのです。たとえば、首脳会談での共同声明をとりあげてみましょう。民族問題についての表現はどうだったのか。これまで同様になにも変わっていないのか。表現が微妙に変わっているのか。もし変わっているとしたらなぜなのか。

実は先輩記者はソ連と東ドイツとの共同声明のなかに民族問題に関して、過去とは違って民族自決に近い表現があることに注目していたのです。ここから、もしかしたらソ連の支配下から自由になれることを認めるのではないか、という仮説をたてたわけです。

もうお気づきの方もいるでしょうが、前項で記した、比較検証作業を先輩記者はしていたのです。過去と現在との比較検証です。

おなじ共同声明を読んでいても、過去との比較ができる人とそうでない人とでは認識できる内容がまったく違ってきます。さらにそこから仮説をたて、その仮説を証明しようとあらたに取材を始める。もしかしたらその取材は徒労に終わるかもしれませんが、取材の展開によっては仮説を証明し、世界的な特ダネとすることも可能になるのです。

こういうレベルの記事は、一生に一度書けるか書けないか、だと思いますが、ライター、編集者を目指すのであれば、このあたりが究極の目標になるのだと思います。このレベルまで、努力をすれば誰でも来られる可能性があるのです。

第5章

編集者の世界観

第1回
編集者には世界観が必要だ

世界観という言葉が実に軽くなってしまいました。ここ十年くらいのことなのでしょうか。メディアの世界にいると、そのことを痛感します。

たとえば、広告代理店から届く商品のプレスリリースには、こんなことが書いてあります。あるキャラクターとのコラボしたグッズ。「この5個のグッズを全部集めれば、○×キャラクターの世界観を満喫することができます。もちろん、ひとつでもそれなりに大丈夫…」キャラクターだけではありません。アニメの世界観、ポップミュージックの世界観、スイーツの世界観、ゲームの世界観。すっかり使い勝手のいい言葉になってしまったのです。そこに世界観なるものがあろうとなかろうと、なにか膨らみのあるような雰囲気を出すにはぴったりの言葉になってしまったのです。

それが証拠に多くの場合、具体的に、どういう世界観なのかがまったく説明がありません。もともとそんなことはおかまいなしなのでしょう。「世界観」といっておけば、なにか言ったような気にさせる便利で不思議な言葉なのです。こうして、つぎつぎと「世界観」がハイパーインフレのように溢れ出る一方なのです。

ひとところであれば、「○×の世界」と表現したものを「世界観」と表現しているのものもあります。そのきっかけが広告・マーケティング業界なのか、ゲームやアニメなのか、よくわからないのですが、あきらかにインターネットによって、あるいはさまざまな商品やサービスのデジタル化によって、またはバーチャル世界の拡大によって使われだしたのは間違いないのでしょう。

それはそれで別にめくじら立てるようなことではないのでしょうが、世界観の「観」という一文字にどうしても違和感を抱いてしまいます。「観」はもちろん価値観の「観」なのでしょうが、そこが空洞のようなものばかりなのです。

かつての世界観という言葉使いは、その世界の成り立ちの柱となるような価値観の提示があったものです。たとえば、分かりやすいのは第二次世界大戦後の冷戦時代の世界観でしょう。米国を中心とした西側陣営とソビエト連邦を中心とした東側陣営との対立の時代です。教科書的にいえば西側は資本主義、東側は共産主義、社会主義。その世界観は、資本主義をどう考えるかにありました。いまの学生だって、こんなことくらいは学ぶでしょう。当時は国家や政府のレベルでの話だけではなく、個人自体が資本主義をどう考えるのかと突きつけられていた時代でした。若い人たちも世界の政治の動きに敏感で、学生運動が大規模に繰り広げられたものです。しかし、だいぶ前からそうして闘った当時の学生たちをバカ呼ばわりする学生たちの言動があからさまにマスコミに出るようになりました。様変わりです。

さて、編集者にそんなスケールのでかいレベルの話が必要なのか、というふうに思うかもしれません。しかし、世界観というものは、突き詰めれば世界や社会をどう見るか、人間というものをどうみるか、どういう価値を優先するか、ということです。大げさにいえば、編集者はその見方で世界を解釈し、自分の仮説を点検し、間違いがあれば修正をするものです。そういう仕事なのだと思います。

編集者という職業は、何度も記しましたように世界に一つしかないものを作るクリエイティブな仕事です。そこには家を造るのと同じように、どうしても柱が必要になります。その柱こそが、世界観と呼ぶものなのです。たんに書籍や雑誌やインターネットのサイトの編集者だけでなく、映画やアニメ、漫画、そのほかクリエイティブな仕事なら、必ず編集作業が伴います。その作業には意識する、しないにかかわらず、編集者の世界観が反映されるはずだからです。

第2回
世界観とはなんなのか

では、世界観とは何なのでしょうか。もうすこし詳しくみてみましょう。

ジョージ・オーウェルの名著に『動物農場』という小説があります。動物たちを搾取する人間をある日、動物たちが追い出して理想の農場を作ろうと物語が展開していきます。しかし、せっかく人間を追い出したものの動物たちにとっての理想の世界も結局は豚が独裁者になってしまい、元の木阿弥になってしまうという皮肉な話です。

さて、自然の動物にはもちろん世界観なるものはありません。動物はふつう、本能のままに生きているからです。しかし、このオーウェルの小説では、動物たちは擬人化されてちゃんとした世界観をもって行動しています。トランプ大統領の「米国ファースト」にならえば、「人間様ファースト」ではなく、「動物ファースト」とする世界観をもって農場を再建しようとするのです。

人間と動物を分けるものの一つは、この価値体系を持つかどうかにあります。動物は本来なら本能のままに生きています。空腹になれば食べ物を食べ、おなかがいっぱいになれば狩りや食べることをやめます。子孫を残す時期がくれば生殖行動をとる、といった具合です。

サバンナのライオンは満腹になれば、インパラの子がわきを通ろうと襲って食べたりはしないといいます。それは本能のままに生きているからです。食べることと子孫を残すために生殖すること。さかりの時期がくればオスとメスが交尾をし、子孫が生まれます。まるで機械じかけのように生きているのが、動物です。

人間は違います。『ものぐさ精神分析』という名著を書いた岸田秀という精神分析学者がいます。彼によると、人間は本能が壊れてしまった動物なのだといいます。食欲や性欲はもちろん人間にもあります。しかし、食欲でいえば、人間は満腹になってもさらに食糧を集めようとするし、性欲も子孫づくりのためだけでなく、快楽のためにもするわけです。こうした本能が壊れてしまった人間に特徴的なのは、何に重きをおき、何を軽視するか、といった価値判断の作業をすることなのです。

ここ数十年の脳科学の進歩で、脳の解明が進んできました。動物と違った人間のそうした特徴は脳の前頭葉の発達にあるといわれています。この前頭葉の働きこそが、腹いっぱいになっても食糧を漁り、子孫を残すためでない快楽の生殖行為を行うことの根底にあるようなのです。

本能が壊れた人間は、本能の代わりになる柱がおそらく必要なのでしょう。それが価値観なのではないかと思うのです。そして人間は一人で生きていくことが難しいわけですから、自分が置かれた社会の中で、世界の中で生きていくうえで、自分の価値観をどうやって肉付けしていくか、それがその人の世界観になっていくのだと思うのです。

カネ、カネ、カネ、ともかく守銭奴のようにカネ儲けが第一と考える人は、カネを稼ごうとするでしょう。そのとき、人を殺してまでも稼ごうとするのか、社会貢献を第一に稼ごうとするのか、これは突き詰めれば、その人の世界観によることになるはずです。

あるいは、カネは自分たちが生活できるほどほどの程度あればいい、あとは自分たちの望みがほどほど叶うような社会であればいい、「なみに暮らし、高く考える」と思って生きる人もいるでしょう。意識するかしないかは別ですが、人は誰しもなんらかの価値観で動いているはずなのです。それを問い詰めたり、考えたりしないだけなのでしょう。しかし、編集者になろうとする人はそこのところを一度、しっかり考えてみることが必要です。

第3回
メディアの世界観

世界観というのは、個人だけではなく、メディアにも存在します。かつてフジテレビは「楽しくなければテレビじゃない」というスローガンの下で、エンタメ路線に転換しテレビ業界の王者に君臨しました。

どんな人間も面白いことを求めています。大げさにいえば、社会は、世界は面白いものがなければ成り立たないはず、とでもいいたげな言葉です。実際、視聴率ナンバーワンの座を占め続けたのですから、その考えはビジネスとして大成功でした。

しかし、フジテレビの場合は世界観と呼ぶには、やはり浅薄すぎた言葉のようです。そこにはメディアとして、権力とどう向き合うかとか、面白いとは本当はどういうものなのか、と考える姿勢が見て取れないからです。

案の定、番組のなかでバカ騒ぎをしているだけではないか、という飽きが広がり、あっという間に視聴率王者から陥落してしまいました。マンネリです。惰性に身をゆだねたのでしょう。日ごろからのしっかりした自らへの問いかけが弱く、時代の変化に対応して自ら変化することができなかったという声が多く聞かれます。

さて、メディアの世界観といえば、やはり新聞が一番体現していると思います。それは「社説」をもっているから、そこの主張がその新聞の世界観を反映したものととらえられるからです。

よく日本の新聞では、『朝日新聞』と『産経新聞』を読めばいい。あとの新聞は、その中間なのだから、この二つの新聞の間にある考え方なのだから、という声を聞きます。新聞を読まない若い人には何のことかさっぱり分からないかもしれませんが、それぞれの新聞の政治的なスタンスのことを言っているわけです。

たとえば、『朝日新聞』は安倍政権に批判的、『産経新聞』は安倍政権に近い考え方で新聞記事を作っているという意味です。

『朝日新聞』に関してはこれまでたくさんの本が出版され、ネット上でもさまざまな情報が飛び交っています。「ザ・新聞」という位置づけにあるからなのでしょう。

さて、『朝日新聞』の世界観を語るうえで、避けて通れないのは「朝日新聞綱領」です。かつては『朝日新聞』の社員には社員手帳が配られていました。ビジネス手帳のようなもので、1年のスケジュールが書き込めるようになっていました。いまは廃止されたようですが、この社員手帳を開くと、最初に印刷されているのが、この綱領でした。

4項目あって、各項目が3行ずつ書かれています。第二次世界大戦で軍部と一緒になって戦争参加を鼓舞した『朝日新聞』は、戦後、その反省にたち、この綱領をつくったわけです。

以下、引いてみます。

一、不偏不党の地に立って言論の自由を貫き、民主国家の完成と世界平和の確立に寄与す。
一、正義人道に基づいて国民の幸福に献身し、一切の不法と暴力を排して腐敗と闘う。
一、真実を公正敏速に報道し、評論は進歩的精神を持してその中正を期す。
一、常に寛容の心を忘れず、品位と責任を重んじ、清新にして重厚の風をたっとぶ。

この4項目です。いまにしてみると、なんだか辛気臭い感じもしますが、言っている内容については、あまり変哲のないものなのではないかと思います。

しかし、この4項目が新入社員の段階で徹底的に身に沁みこむまで覚えさせられるかといえば、それはないわけです。取材や執筆の現場では、これらのことが意識されることは少なく、現場は現場でもっと実務的に動いているといったほうがいいでしょう。

そうした現場に浸透している世界観というものがあるとすると、わたしの経験でいえば次の3点です。

第一には、権力のチェックという意識です。あらゆる権力をチェックする。それは首相、国会議員に始まって、県知事、市長などから、民間の大会社の社長や大組織の幹部など、あらゆる権力をもつ人が対象になります。新聞記者なら当然のこととといえなくもないのですが、いまは分かりませんが、『朝日新聞』は地方にいても本社にいても、その意識は強いということがいえるでしょう。

第二には、リベラルを重視するという点です。リベラルという言葉は、学問的に探るといろんな意味合いがあるようですが、ここでは言い換えると憲法でいうところの基本的人権の尊重、といっていいかもしれません。たとえば、組織と個人が対立した場合、弱者や少数派の立場の意見をよく聞き、個人ならその人の人権を尊重する立場に立つという考え方になると思います。

第三が、これも憲法にありますが、国際平和主義です。

ともかく第二次世界大戦の反省にたつ、ということで、前述した「朝日新聞綱領」が、戦争推進の旗を振った反動として打ち出されたわけですから当然といえば当然でしょう。

国際平和主義に関連して思い出されるのが国連のＰＫＯ（国際平和維持活動）です。

日本は１９９２年に初めてＰＫＯに参加しました。自衛隊の派遣先はカンボジアです。どうしてそういうことが起きたのか、流れを簡単にいいますと、まずは１８８９年に東西冷戦が終結、という大きな背景があります。東側陣営の本山だったソ連（当時）はその後、15の共和国に分裂して完全に消滅します。そして唯一残った大国が米国となりました。米国は「世界の警察官」として、ふるまうようになりますが、同時に日本に対しては、国際貢献をするよう求めてきました。

１９９１年に湾岸危機という事態が起きます。これはイラクがクエートに軍事介入し、クエートの主権回復を目指すために、国連の多国籍軍が派遣されました。当然日本にも応分の負担が求められましたが、日本はカネだけを負担したのです。これをきっかけに、カネだけでなく「人も出せ、血も流せ」と日本に対する圧力が強くなりました。

しかし、日本政府もいくら米国の言う事とはいえ、いきなり戦闘地域に自衛隊を派遣するということを「はい、分かりました」というわけにはいきません。そこでPKOが出てきました。PKOの大前提は紛争の両者が停戦します、という合意をしている点です。以後、軍事的紛争はやめます、という合意があるわけですから、原則として戦闘はもう起きない、ということです。

私もこのとき、カンボジアに取材チームの一員としてカンボジアに行きました。国内は自衛隊を海外に派遣するなどとんでもない、という意見からPKOだけでなく、PKF（国連平和維持軍）にまで踏み込んで参加すべきだとする考えまで、それは幅広く、いろんな論が対立していたのを覚えています。個人的には、停戦合意が前提になるのであれば、PKO参加はいいのではないか、と思いましたが、朝日新聞の社内ではそうでもなかったことを覚えています。

ときおり、『朝日新聞』が批判されるケースがありますが、以上の3点の針が大きく極端な方向に振れた場合に、そうした現象がおきているように思います。

3点それぞれが単独で大きく針がふれてしまって、その結果、問題が起きている場合もあるでしょうが、2つないし3つが重なっている場合もあるかと思います。

たとえば、『朝日新聞』と安倍政権は対立関係にあるという見方ですが、これは第一の権力のチェックという点もあるでしょうが、安倍政権のタカ派的政治に対して、具体的には集団安全保障の推進、憲法改正の動き、などは第二のリベラル重視、第三の国際平和主義という点でも針が振れているケースだと思います。

第4回 原体験とはなんだろうか

さて、話を個人のレベルに戻します。世界観がその人の世界に対する価値観、生きていく上での価値観、いわゆる人生観と表裏一体のようなものだとすると、それはどうやって形成されるものなのでしょうか。

具体例として私の大学時代の恩師のケースを引いてみます。大学時代に私は国際政治のゼミナールに入っていて、卒論もそうした関係のものでした。

私たちの時代のゼミナールは、大学教官一人のもとに、学生10人程度の少人数でした。毎週、誰かが特定のテーマで報告し、それについて議論する。時折、教授が適宜発言するというやり方でした。

ある日、原体験という話になりました。どういう流れでそういう話になったのか、覚えていませんが、教授は自分がなぜ国際政治なるものを専攻したのか、なぜ国際政治や外交を研究するようになったのか、という話をしだしたのです。

それは第二次世界大戦の経験だったといいます。終戦も近いころに起きた東京大空襲を体験したそうです。東京大空襲というと、一般には1945年3月の空襲を指しますが、その日付のことを話したかは覚えていません。ともかく教授がいうには、「空が真っ赤に染まったあの体験は言葉にならない。もう二度とこのようなことは起こしてはならない」と強く思ったということでした。あの体験が自分の原体験であるとはっきりとわれわれ学生たちの前で話したのだけは覚えています。

このように原体験とはその人の人生を決めるような強烈な体験のことと理解していいでしょう。自分はこういう職業につきたいとか、こういう人生を生きてみたいとか、いわば人生の起点というか、人生の使命感を生んだ経験、生きていく上での原点となる体験といえばいいでしょう。

私が学生だった1970年代は戦争体験者が世の中を動かしていた時代なので、自分の原体験はなにかを答える場合に、戦争をあげるひとが非常に多かったように思います。戦争は国家規模で人の生死にかかわるものです。ですから、そうしたスケールのでかいものを実体験したら、ほとんどの人はそれを原体験として生きていくことはよく理解できます。

でも、いまや戦後70年以上が経って、そうした国家や世界を飲み込んでしまうような大きな出来事がなくなっています。そうすると、原体験というものはなくなってしまうのでしょうか。

実際に、その教授の話を聞いたときに、戦争が終わってしまって生まれた自分たちは、「では原体験なるものをもてないのじゃないか」、と思ったものです。

でも国家規模の惨事がなくとも「原体験」をもつことは誰でもできるのです。ひとりの人間が生きていく上で、生き方を規定するようなことは何も戦争のような巨大な出来事である必要はないわけです。もしそうでなければ、たとえば戦争がなければ生きていく上での原体験が誰にもできなくなってしまい、人生をさまようだけの人ばかりになってしまうでしょう。

具体的には、こういうことです。最近、ある有名な男性映画プロデューサーの人のインタビューをヤフーニュースで読みました。そのなかで、その方はこどもの時に学校で粘土板が必要になり、ピンクの板を持って行ったのだそうです。ところが、学校に行くとピンクは女子、男子は青の板を持って来ていたのだそうです。ひやかされたそうですが、そこで思ったのは「誰がこのルールを作ったのか」という怒りだったそうです。

そして、その後の人生のこだわりは、その出来事が大きな位置を占めているのだそうです。そのインタビューには、「原体験」などという言葉は使われていませんでしたが、ここでいうところの「原体験」なるものに近いといえるでしょう。世の中を規定している様々なルールというものを多くの人は何も考えずに受け入れてしまっていますが、考えてみればこれは大きな問題なのです。

１９８０年代に日本のＧＮＰが世界2位になり、「豊かな時代」といわれるようになってから、若い人たちの間で自分は将来何をしていいのか分からない人が増えている、という話を聞くようになりました。戦争や地異天変などという大惨事がないと人間は人生の指針も持てなくなってしまうのだろうかと思ったものですが、そんなことはないわけで、結局は個々人の問題なのだと思います。

知り合いのノンフィクション作家、吉田司さんは、なにをしていいか分からない若い人たちに「図書館の本を片っ端から読んだら」と言っています。

昔から一冊の本が自分の人生を変えた、というのは、よく聞く話です。一冊の本を読むことが「原体験」となることは別におかしなことではないでしょう。「この絵が自分の人生を変えた」とか、「この音楽が生き方を変えた」とか、「この人の話がその後の人生に大きな影響を与えた」とか、そうした話は身近でもよく聞くことなのです。

自分には「原体験」と呼べるものがない、という人は、気づかない場合が結構多いものです。今一度、よく振り返ってみてください。

第5回 編集者にシンギュラリティーは起きない

いまやコンピュータを抜きにしてあらゆることは議論できなくなってしまいました。朝起きて今日の天気はどうなのか。ＡＩスピーカーに聞けば天気予報を答えてくれます。エアコン始動も部屋の掃除もＩｏＴです。通勤電車もコンピュータ制御、会社に行けば行ったでコンピュータがなければ仕事はまったく進みません。

コンピュータが進化したＡＩの能力の凄まじさを最初、私たちはチェスや将棋の対戦で見ました。時間がかかるとみられた囲碁もあっという間に世界チャンピオンがＡＩに敗れ去りました。ＡＩに仕事を奪われる職業リストをテーマにした本まで出版され続けています。そしてあげくの果てが「シンギュラリティー」です。

『知恵蔵』によると、シンギュラリティーの意味は、AIの知能が人間の知能を超える転換点、だそうです。米国の未来学者レイ・カーツワイルが2005年に提唱したのが最初だそうです。カーツワイルという人は2045年がその転換が起きる年だと予言したといいます。以来、いろんな人がそれは2050年だとか、かまびすしく取り上げています。

しかし、本当にそういうことが起きるのでしょうか。未来学者などではなく、AIを作っているプロの人たちはどう思っているのでしょうか。『ビッグデータと人工知能』（西垣通著）を読むと、AI製造の周辺にいるプロはシンギュラリティーには懐疑的であるとあります。そしてあくまでもAIは人間の補助にしかなりえない、という見解なのです。

では、どっちが正しいのでしょうか。本当のところは、もう少し技術の進歩を待ってからでないと分からないのでしょう。たしかに将棋や囲碁の世界では、ある意味、シンギュラリティーが起きてしまったと言っていいかもしれません。しかし、編集者の世界ではどうなのか、というと、私はシンギュラリティーは起きないと考えています。その理由は、人間自体が矛盾した存在だから、という点です。

人間は矛盾しています。たとえば、好きなのに嫌いだと言うことがあります。では本当に嫌いなのかというと好きでもあるのです。しかし、本当に好きだけなのかというと嫌いな部分もあるのです。この正反同居とでもいう存在をAIは計算できるのでしょうか。自分自身のことが自分でも分からないのが人間です。そんなワケの分からない思考や感情がＡＩに分かるのか。

東大合格を目指したＡＩを作ろうとしていた計画がありました。でも結局、その計画は断念されました。その理由は、国語ができない、からなのだそうです。

そのニュースを聞いて、まさにそのとおりだと思いました。数学の問題はおそらく人間よりＡＩはできるかもしれません。論理思考の末に、答えが一つしかないからです。しかし、国語の文章問題はある意味、答えが無数にあるわけです。

かつて、小説家の丸谷才一さんが、自分の作品が大学の入試問題に出されたことを取り上げていました。それは、ある文章の傍線部分はどういう意味なのか、正解を選択する問題でした。丸谷さんは、そこで示された正解は正解ではない、と言ったのです。自分はそういうつもりで書いてはいない。実際に文章を書いた当の本人がそう言っているのに、正解は別にある、というわけですから困ったものです。

しかし国語の問題として丸谷さんが言っていることが１００％正しいかというと、それはそれでまた疑問なのです。それは、一度公開された文章は読み手によっていろんな意味で読まれてしまうからです。ですから正解は一つではなくなるのだと思います。生身の人間がそうなのですから、論理思考のＡＩにできないのは当然だということになるのではないかと思います。

数学ならあらゆる問題と解法を記憶すれば、容量の大きいＡＩが勝つ確率は高いでしょう。しかし、国語の場合は漢字問題といった単純なものを除いた文章問題は記憶しても意味がないのです。そこはある意味、人間の複雑な考え方と感性が、問題を出した人間の考えと感性に近くないと正答を出すのはむつかしい。それが国語の問題だと思うのです。

この国語問題というのが、人間の矛盾存在と似ていると思うのです。それは正答がない世界なのです。解がないのです。解があっても一つではないのです。しかも間違いが時として正解になり、正解とみられた考えが時として大間違いになる世界なのです。それが人間の世界です。編集者はその人間を扱うわけですのでＡＩには無理だというのが私の考えです。ですから、編集者という仕事はＡＩがどんなに発達してもなくならないと考える次第なのです。編集者の仕事は何度も繰り返しますが、クリエイティブなのです。ここに面白みを感じない人は、別の仕事を探したほうがいいでしょう。しかし、世界で一つのものを作ることが喜びである人や、そうした作業が好きな人、創造的であることに喜びを感じる人はぜひ、この編集者の世界に挑戦してほしいと思うのです。

宇留間 和基（うるま・かずもと）

毎日新聞社に入社後、朝日新聞社に移る。1988年「AERA」編集部、1992年から朝日新聞東京社会部、2003年から「AERA」編集長を3年間つとめる。2008年の朝日新聞出版設立に伴い代表取締役社長に就任。2012年より日刊スポーツ新聞社常務取締役。2016年6月に日刊スポーツ新聞社を退社し、同年7月ジェイ・キャストに入社。2017年J－CASTニュース編集長に就任。現在、ニュース事業本部 本部長をつとめる。

編集の教科書

なぜか先輩は教えてくれない基本ノウハウを学ぶ

2020年1月31日　初版第1刷発行

著　　者　宇留間 和基

発 行 人　木村 浩一郎

発行・発売　リーダーズノート出版

〒114-0014　東京都北区田端6-4-18
電話：03-5815-5428　FAX：03-6730-6135
http://www.leadersnote.com

印 刷 所　モリモト印刷株式会社

ISBN 978-4-903722-78-8　C0095